JN301993

会社、仕事、人間関係で「逃げ出したい!」と思ったとき読む本

西多昌規

GENTOSHA

まえがき

わたしは、大学医学部で医学生や研修医を指導する教員です。進路や就職先、自分のキャリアデザインに悩む学生やフレッシュマン（ウーマン）の悩みに、これまでも長くつきあってきました。

もう一つの顔として、こころの病を抱えた患者さんを診察している医師でもあります。患者さんの中には、将来の自分を考えると不安で眠れない、やる気が出ないという人も少なくありません。**薬などよりも、将来の希望や自分が社会に貢献できている感覚を与えたほうが、元気になりそうな人がいるのも事実です。**

「もうこんな会社から逃げ出したい」
「イヤな上司がいて、職場に行きたくない」
「3年も今の仕事を続けるなんて、考えられない」

何十年も先の遠いことを心配するより、一定期間を見越して、今の働き方や気持ちや考えをまとめて、行動に移していく。この本の、基本的な内容です。

厚生労働省の調査によると、2010年3月に大学を卒業して就職した若者のうち3年以内に退職してしまったり解雇されたりする人が、実に31・0%に上ることがわかりました。前年2009年の卒業者よりも、離職率は2・2ポイント上昇したと報告しています。

新入社員の3割が3年以内でやめてしまう不安定な現実を考えると、「3年後の自分」をイメージすることに不安を感じるのは、もっともなことです。3年後も同じ職場にいると100%の自信を持って断言できる人は、意外に少ないのかもしれません。不安とモチベーションとの間でもがいている人が、たくさんいらっしゃると想像します。

3年でやめてしまうのは、どうしてなのでしょうか。経済が芳しくない、雇用が一向に改善されない、などといった状況が理由としてまず考えられます。世界経済を冷え込ませたリーマンショック後の就職難や、劣悪な待遇を強制する俗に言う「ブラック企業」の増加も、3年離職率を上げている原因の一つでしょう。

しかし、社会的要因ばかりに3年で3割がやめてしまう責任を押しつけるのは、乱暴な議論です。働く人自身、**言い換えれば「あなた自身の」労働に対する意識や考え方が、あらためて問われているのではないでしょうか**。

これからどうしたらいいのかわからない、こういう人もいるでしょう。しかし、答えは、すでに自分の中にあるという人が多いのです。

「転職したいけど、収入が不安」

「今の会社に残ったほうがいいことはわかっているけど、新たな可能性も見つけたい」

答えは、すでにわかっているのです。ただ、そのためにどうするかを考えたときに、不安や諦め、他人からの批判、焦りなどで脳が麻痺してしまい、考えられなくなっているのです。別の言い方をすれば、答えを見つけられない、あるいは目を背けている、答える勇気がない、などの場合がほとんどなのではないでしょうか。

ただ、自分の中にある答えを発見するのは、簡単なことではありません。残るかやめるかといったシンプルでダイレクトな答えは、この本には書いてありません。転職や起業を積極的にすすめてもいなければ、会社にしがみつく精神力を力説するものでもありません。当分の間は「次につなげていく」ことで、将来の自己実現や成功を狙っていく心構えや知識、習慣などを、心理学的、医学的に説明したのがこの本です。「当分の間」といっても、何年先かわからないようでは、気持ちが折れてしまいます。「当分の間」の単位として、「3年」を適切な単位と考えて構成を練りました。

3年の科学的根拠はしっかりしているわけではなく、むしろ「石の上にも三年」という、古典的なことわざを彷彿《ほうふつ》とさせるかもしれません。しかし、何らかのプロジェクトや履歴書の経歴欄の印象からも、1年でコロコロ変わるのは他人に与える心証が良くなるとは思えません。かといって、10年先と言われても、そんな遠い先はピンとこない人が多数でしょう。「3年先」は、期間設定としても妥当ではないかと考えています。

今の職場にとどまるべきか、それとも転職するか迷っている人。あるいは、今の職場に嫌気がさしているけれども、どうしたらいいか途方に暮れている人。どちらも、3年先をイメージしてみることの重要性に、気づくべきときが来ているのです。

この本が、そういった人たちへのアドバイスや良いきっかけになれば幸いです。

会社、仕事、人間関係で
「逃げ出したい！」と思ったとき読む本

目次

第2章

職場でやる気が上がる人、下がる人

第3章

会社は自分次第で天国にも地獄にもなる

第4章

仕事がうまくいく人間関係のつくり方

第5章

心が折れない人は、自信の持ち方を知っている

第6章 日常生活で神経をすり減らさないコツ

第7章 モチベーションの高い人がやっている小さな習慣

第8章
それでも会社を「やめたい」ときには

装幀／大岡喜直（next door design）
DTP／美創

第1章

なぜ「3年後も今の会社で働いている自分」が想像できないのか？

01

3年後の自分が想像できない人が増えている？

まえがきで述べたように、日本の若者は3年で3割はやめることがわかっています。「終身雇用」は、今の若者にとっては現実感の乏しい昔話になってきているのかもしれません。

数々の識者が、3年でやめてしまう原因と、やめたあとどうなったかについて、検討しています。単にイヤになってやめてしまったのか、次のステップアップを上手に果たしての転職なのか、どちらが多いのか気になるところです。

嫌気がさしてやめてしまう人が多いことを示すデータがあります。株式会社カイラボが100名の早期退職者にインタビューして調べた「早期離職白書」によれば、3年以内で退職した若者のうち67%は、退職した企業に対して「業務を無駄に複雑化している」「本音で話せる人がいない」などネガティブな印象を持っていました。さらに、3年以内で退職した若者の16%が退職企業において、休職を経験していたというのです。

この休職には、産休や育休は含まれません。若者ですので、生活習慣病などの病気の可能性は低く、うつ病などの精神疾患が原因のほとんどを占めると推察されます。

このような調査は、いくら工夫してもデータの偏りは生じてしまうものです。しかし、サンプルは少ないながらもその半数以上で、「ネガティブな印象」という感情論が退職の主な理由であり、かつ精神疾患もかなりの割合で存在しているのは、間違ってはいない傾向なのかもしれません。

単にイヤな仕事をさせられたのか、不愉快な人間関係があったのか、過重労働など労働条件が悪かったのか、詳しい原因は読み取れません。しかし、このような**「ネガティブな印象」からやめてしまうということは、「未来の自分が想像できない」という、希望の欠落の裏返しではないでしょうか**。

「今つらくても頑張れば成功できる」

「コツコツやっていれば、憧れの上司のようになれる」

人間は、希望さえ持っていればどんな苦境もしのげると言われています。逆に、希望がなければ、「自分はダメな人間だ」「こうなったのは会社のせいだ」など、ベクトルは違えどネガティブな感情が強まってきます。他者あるいは自分への怒り、不安、焦り、落ち込み、絶望感、無力感……ネガティブな感情の種類には、事欠きません。

ネガティブな感情は、衝動的、突発的で思慮に欠いた行動を取らせてしまいます。その最たるものは、上司を目の前で罵倒した、殴ってしまったなど、たまに見られる「逆パワハラ」ですが、計画性を欠いた情緒に駆られた突然の退職・転職も、このようなマイナス感情がマグマのように強く自分の中で煮えたぎっている場合に起こりうると考えられます。

「希望」については、現代においても議論が活発です。特に若手の社会学者の間では、右肩下がりの衰退国家・日本において、希望を持つことへの懐疑的な論考が見られます。

『絶望の国の幸福な若者たち』（古市憲寿著、講談社）は、希望懐疑論の好例でしょう。

「経済成長の恩恵を受けられた世代を『自分とは違う』とみなし、勝手に自分たちで身の丈にあった幸せを見つけ、仲間たちと村々している。何かを勝ち得て自分を着飾るような時代と見切りをつけて、小さなコミュニティ内のささやかな相互承認とともに生きていく。」

旧世代がイメージするような、「立身出世」「経済・社会的成功」という希望の定義は、そこにはありません。その代わり、希望の対義語である「絶望」の具体像もはっきりしてこないのも、特徴です。

希望や絶望は、時代によって性質が変わってくるのかもしれません。現代の「希望」は、人の上に立ちたい、あるいはお金を儲けて贅沢したい、といった単純なものではなく、「家族といっしょにいたい」「ストレスがない生活を送りたい」「ネットでつながっていれば安心」など、多様化しているように感じます。

診察をしていても、降格や減給を自ら志願することで殺人的なストレスから解放され、本来の自分を取り戻した患者さんがいるのも事実です。出世や物欲などステレオタイプな「希望」ではなく、変わりゆく時代に合った自分なりの「希望」「将来像」を持つことが、これからの時代を生き抜くコツなのかもしれません。

「未来の自分を想像できない」

「将来の希望が持てない」

だからといって、悲観する必要はありません。**希望・絶望の単純な二分論では、解決できなくなっている難しい時代です**。

「普通の家庭を持ちたい」

「自分に合った仕事ができればいい」

それでも、まったく構わないと思うのです。それらも立派な「希望」なのですから。

02

便利な世の中が、知らないうちに現代人のやる気を下げている

21世紀も10分の1が過ぎた現代ですが、日本人の「やる気」は、果たしてどうなっているのでしょうか。うつ病が100万人を超えたというニュースを聞くと、ほとんどの人がやる気を落としているような誤った印象を持ってしまいます。

しかし、「やる気」を扱った本や雑誌の売れ行きは堅調で、定番のテーマです。英会話や専門分野のセミナーや講習などが廃れているという話も聞きません。人間に本来備わっている向学心、向上心は、なかなか衰えるものではないようです。

しかし、「やる気が出ない」という悩みも尽きません。わたし自身も、日々の仕事や用事のたびに、「億劫《おっくう》」「面倒くさい」「やりたくない」といった気持ちを持ってしまい、なんとか考え方を変えて、こういった重い気持ちを振り払おうと努めることは少なくありません。

長らく続く不況、少子高齢化、英語の社内公用化などのグローバリズムといった、現代

日本に特有な問題はあるとしても、「やる気」の維持に欠かせないのは、この「重い気持ちを振り払う」エネルギーだと思います。

このエネルギーを蝕《むしば》むのは、三つの要因なのではないかと考えられます。

「希望・展望の欠如」

「心身の疲労」

「やる気に対する誤った知識」

の3要因です。

希望のなさについては、前項目で触れました。希望を失わせるものは、悪いニュースやウンザリする上司ばかりではありません。心身の疲労の蓄積は、ポジティブな人間をネガティブに変えてしまう危険性を十分に持っています。

現代人の疲労は、一昔前とは異なってきています。インターネットとソーシャルネットワーキングサービス（SNS）の発達が、大きな変革をもたらしたと同時に未経験の疲労ももたらしています。休日でも、仕事のメールを受け取っている人は少なくないでしょう。それだけでも、完全な安息日を取ることは難しくなっている証拠と言えます。

さらに、仕事のスピード感が上がっているのも、疲労感が強まる要因の一つでしょう。

新幹線網が日本全国に広がりつつありますが、それは日帰り出張が増えることを意味しています。さらに、電車の中でビールを飲んでのんびり……というわけにはいきません。パソコンと無線LANを使って、移動時間を惜しんでの仕事になります。

みなさんも経験している身近な例を出しましたが、これに似た「便利だけど疲れる」技術革新からは、わたしたちは逃れられないでしょう。オフィスでは、ランチとトイレ以外はデスクに座ったままで、パソコン画面だけを一日中見て誰とも会話しない生活も、珍しくはない光景です。電車の中で、ほとんどの人が俯《うつむ》いてスマホ画面を凝視している光景は、冷静に見れば異様です。

このような「目を酷使し」「からだを動かさず」「脳ばかりを使っている」ライフスタイルは、3番目の要因「やる気に対する誤った知識」に基づいています。**こういう行動様式になっていては、「やる気」が上がるはずがないのは、科学的にもはっきり示されてきています。**本書でも、科学的なメカニズムについては、あとで解説します。

現代ならではの「やる気」を失わせる要因はあるにせよ、どの時代にも、どの国にも、その時代と国に特有な問題があります。自分の生きる時代に合った「やる気」を出していく方法を、本書でも考えていきましょう。

03 やる気がないと年収1000万円の人生も!?

「年収1000万円になっていくのは仕方がない」

「ユニクロ」を傘下に持つファーストリテイリングの柳井正会長の衝撃的なコメントは、平成25年4月23日付けの朝日新聞デジタルに掲載されています。柳井会長の方針によれば、今や世界企業であるファーストリテイリングの役員と正社員の賃金体系を、全世界レベルで統一化するというのです。

柳井会長のコメントをそのまま引用すれば、

「それはグローバル化の問題だ。10年前から社員にもいってきた。将来は、年収1億円か100万円に分かれて、中間層が減っていく。仕事を通じて付加価値がつけられないと、低賃金で働く途上国の人の賃金にフラット化するので、年収100万円のほうになっていくのは仕方がない。」

どうなるかというと、日本で採用された社員も、中国や東南アジアで採用された現地人の社員も、区別なく同じ基準で評価されるようになります。素人であるわたしが想像しても、仕事のできる人、英語ができる人が評価され、地位も報酬も上がることはわかります。いちばん単純な労働に就く人は、国籍に関係なく世界的にいちばん低水準の賃金に推移していく可能性も孕《はら》んでいるということでしょう。

ネット上での議論を見ても、このコメントには批判的な意見が多いようです。たしかに、日本では、自給自足を充実させたとしても、年収100万円で暮らしていくのはほぼ不可能です。字面だけ捉えれば、「食っていけないのも仕方がない」と解釈されてもやむをえないコメントかもしれません。

ユニクロを「ブラック企業」と批判するのは簡単です。日本には、未だ生活保護制度というセーフティネットが機能しています。しかし、人や物、お金が国境を越えて激しく移動するグローバリゼーションの流れに抗《あらが》うのは、もはや難しいのかもしれません。

日本人研究者が書く科学研究の英語論文も、一昔前はアメリカかイギリス本国の業者に直接英語のネイティブチェックをしてもらっていました。現代では、業者のオフィスはアメリカやイギリスにあったとしても、実務は主にインドなどに安く外注しているところが多いようです。

日本国内だけでしか通用しない「ガラパゴス」的な考えでは、立ちゆかないのは目に見えています。そうなると、やはり**自分の学術知識、専門技能を習得していくのが、いちばん着実な路線と言えます**。経験を積む上では、「社畜」として辛抱する能力も必要でしょうが、それにもまして「やる気」をいかに維持していくかが、大切になってくるわけです。

人生、いろいろな価値観があります。一部のブロガー、識者には、年収100万円あれば十分という意見もありますが、わたしは非常に懐疑的です。そのような人たちは年収100万円の家庭で育っておらず、説得力に欠けています。

出家を決意するくらいの人生経験を積んだ人ならば別でしょうが、ほとんどの人間には「めちゃくちゃ贅沢じゃなくても、ある程度は豊かに生きたい」という、身の丈に合った平凡な願望があります。

「やる気」のマネジメント次第では、この平凡な望みすら脅かされるかもしれない世の中なのです。年収100万円＝人生台無しとまでは極言しませんが、厳しい時代であることは間違いないでしょう。

04 「やる気スイッチ」はすでに発見されている

「やる気」、専門用語では「意欲」と表現します。本書では、親しみやすい「やる気」で通しましょう。前項目では「やる気」がないと人生マズいと脅した格好になってしまいましたが、「やる気」はそもそも上げることが可能なものでしょうか。

「やる気を出したい」状況というのは、「もっとやる気があればいいなぁ」と、意欲に満ちている理想の自分を願う場面が考えられます。しかしたいていは、「やらなきゃいけないことがあるけど、どうも気が進まない」と、仕事に対するプレッシャーがかかっている場合のほうが多いのではないでしょうか。

「明日までの書類、面倒くさいな……」
「今日は疲れたから、ジョギングやめようかな」
「セミナーに申し込んだけど、行くのが億劫になってきちゃった」

こういう状況のときに、人間は「やる気」についてあれこれと悩むのではないでしょうか。わたしも、その中の一人です。面倒、億劫、だらけていたい……しかしこのままではいけないという危機感、不安も抱えている。「やる気スイッチ」を探したくなる瞬間です。

動物実験では、「やる気スイッチ」はかなり昔に発見されています。カナダ・マギル大学のジェームズ・オールズとピーター・ミルナーが1954年に発表した論文の中では、ラットの脳の中隔領域というところに電極を挿入し、ラットがレバーを押すことで電気刺激を与えると、食べ物や水には目もくれずレバーを押し続けるという行動が観察されました。この刺激される部分が、脳の「快楽中枢」というわけです。

実は**アメリカでは、難治性のうつ病の治療に「やる気スイッチ」が取り入れられています**。人間の脳の帯状回膝下野という部位に電極を留置して、刺激を続けるとうつ病が改善するというのです。脳深部刺激療法（Deep Brain Stimulation：DBS）と呼びますが、脳外科手術を行って電極留置を行わなければならないため、採用しづらい治療法であることは言うまでもありません。

しかし、人間の脳にも「やる気スイッチ」が存在するのならば、刺激装置を埋め込まずになんとか自力で押す方法はないものでしょうか。いくつかの工夫はあります。ただし、スイッチという表現には、「楽にできる」というイメージがつきまといます。どこかのツボを押せばいいと思ったり、あるいは「やる気」の秘孔などを想像したりするのは、安易というものです。「やる気」のエンジン回転数をじりじり上げていくという表現のほうが、適切かもしれません。

自動車は、エンジンだけふかしていれば動くというものではありません。トランスミッション、ガソリン、タイヤなどが欠かせません。このあたりも、「やる気」と似ているところがあります。うまくチューニングすれば、フェラーリやランボルギーニというわけにはいきませんが、日常生活において便利な車ぐらいにはなれるのではないか、これがわたしの考えです。

「やる気」を上げることは、大脳機能からは、できないわけではありません。所要時間は個人差がありますが、「やる気」をできるだけスピーディに、かつ確実に上げるにはどうしたらいいかを、考えていきましょう。チューニングするのは、あくまであなた自身です。

05

〝お金のため〟に働くことの罠

「何のために仕事をしていますか？」

と配偶者や恋人、友達に聞かれたら、何と答えるでしょうか？　回答の候補はいくつかあるでしょうが、「お金のため」という答えも、あって当然だと思います。

同じ質問を、子どもにされたらどう答えるでしょうか？　お金も大切ですが、「自分を向上させるため」「社会に貢献できるため」など、青臭いと言われようがスマートな回答をしたくなります。

お金、すなわち報酬も、もちろん大切です。しかし、**報酬以外の意義を仕事に見出すことも、「やる気」を考える上ではもっと重要**です。報酬だけでは「やる気」はなかなか維持できないというのが、この項目で言いたいことです。

報酬は、給料やボーナスなど経済的なものだけではありません。組織での地位の昇進や他人から感謝されること、仕事が評価されることなど、社会的な内容も含まれます。これらは、他者によって提供されることから、外発的報酬と呼ばれます。

翻って内発的報酬とは、異性や後輩、子どもにカッコつけて話したくなる報酬のことです。達成感や向上感、他人に感謝されるなど社会貢献をしている感覚、仕事自体が楽しい、などです。

「仕事が楽しい」とは、わたし自身も含めてなかなか言えない言葉です。しかし、「お金のためだけに働いているわけではない」という意識は、珍しくはないのではないでしょうか。

わたしもお金が価値基準の第一軸ならば、今ごろは儲け主義の悪徳医師として暗躍しているはずです。しかし、今のところは大学病院の安月給でなんとか頑張れています。それは、金銭的報酬＝外発的報酬以外の、やりがい＝内発的報酬によって仕事の「やる気」を得ている部分が大きいからです。

学生や研修医など若い人と話す、耳学問でも最新の医学知識に触れることができる、自分で研究を立案していく面白さを味わえること……これらの利点は、働いている平素はなかなか気がつきませんが、今振り返ると大きな動機になっています。このような医療従事者はわたしだけではないはずですし、幅広い職種に共通している傾向だと思います。

アンダーマイニング効果という現象があります。勉強、ボランティアなどは、報酬がゼロでもモチベーションは維持できます。これに**金銭的報酬など外発的報酬を与えてしまうと、逆にモチベーションが落ちてしまう現象です。**

1970年代に、ロチェスター大学のエドワード・L・デシが、アンダーマイニング効果を示した実験結果を発表しました。実験参加者を二つのグループに分けてパズルをやってもらうのですが、一つのグループには1ドルの報酬を、もう一つのグループには報酬を示しませんでした。結果として、1ドルもらえるグループは、パズルに打ち込む時間が短くなっていました。言うなれば、手抜きが行われたのです。

自己向上、あるいは人の役に立ちたい満足感から行動していたのに、金銭を得るための行動に価値観が変わってしまったからとも解釈できます。玉川大学らのグループは、アンダーマイニング効果の脳科学的メカニズムを明らかにしました。内発的報酬を求めるための行動では、大脳辺縁系や大脳基底核など、「やる気」の脳部位が活性化していたのに対し、金銭など外発的報酬を与えてしまうと、この脳部位が活性化しないことが示されました。

「いくらもらえるから」という金銭的報酬は、興味や関心といった内発的な動機を「お金をもらうためのもの」という価値観に変えてしまいます。これは、「やる気」を阻害する危険性を含んでいます。

具体的に、考えてみましょう。金銭的な報酬は、「○×円くらいなら、この程度でいいや」という手抜きにつながります。またアメとムチの喩えではないですが、外発的報酬は罰の裏返しでもあります。報酬がもらえなければ、無報酬が罰になります。人間関係も、ギクシャクしかねません。

このように考えていくと、会社のためだけではなく自分の向上のためにも、**パフォーマンスを上げるために「やり終えたときの達成感が何とも言えない」「他人に感謝されるとうれしい」といった内発的動機を持つことの重要性**が理解できるのではないでしょうか。

「お金がすべてではない」が自分に当てはまるか自問自答し、「金銭以外の要素」をもう一度見直してみることを、おすすめしたいと思います。

06 まずは、「やる」か「やらない」かを決める

「あーあ、資料作りたくないなぁ」

「（資格勉強）やりたいけど、まあ明日でもいいや……」

このままでは、ダラダラしたまま時間が過ぎ去っていくのが目に見えています。仕事ならば、どこかの時点で切羽詰まるかもしれませんが、資格勉強ならば「じゃあ次の試験で……」など、永遠の先延ばしの危険性だってありえます。

下がった「やる気」を、一時的にとりあえず上げる方法はないものでしょうか。起動にいちばん時間がかかるのは、誰しも経験するところだと思います。

冒頭の例のように「やる気」が落ちている……しかし、まったく「やる気」ゼロであるわけではありません。やりたくない、サボりたいという気持ちはあったとしても、内心どこかで「やらないと、マズい」という意識があるはずです。

「給料もらっているから仕方なくやる」「やらないと怒られる」という外発的な動機より

は、「やらないと、自分のためにならない」という内発的な動機のほうが、「やる気」のためには望ましいことは説明しました。しかし、そのような小難しいことを考えている余裕がない場合もあるでしょう。「やる気」を「とりあえず」上げるには、考え方をよりシンプルにしなければなりません。

簡単に言うと、「やる・やらない」の中途半端な気持ちを、どちらかに寄せてしまうことです。**「やる」ならば、無理矢理にでも行動する**ことです。デスクに向かう、パソコンを起動する、メモを取り出すなど、何か作業に結びつく些細な動作を起こすことです。

スタートキーが押せれば、「やる気」は自然発生的に生じてきます。「無理矢理にでも行動」できなければ、何らかの罰を科すことも考えましょう。晩酌のビールをその日はやめるなど、自分の好きなものを一つでいいので断つ、などです。アスリートのように「自分への敗北」というフレーズを思い浮かべるのは、プライドの高い人にとっては効果的です。

「無理矢理動けないから困っているんだ」「動けるくらいなら苦労していない」など、後ろ向きに考えてしまう場合もあるでしょう。そういうときは、完全に「やらない」モードにスカッと切り替えてしまうことです。仕事に対する「やる気」をいったん自分で捨ててしまい、「やらない」、つまり休息してしまうのです。

「やる気」の最大の妙薬は、実は休息です。人間は、何もせずに休んでいると、ある程度のところで「退屈」「ヒマ」という観念が生じてきます。優雅な無為の時間を楽しめるのは、よほどの貴族でなければできないことです。

「やる気」の「スイッチオン」が難しいことはわかりますが、「スイッチオフ」は実際にはどうでしょうか？　これも、特にまじめな人にとっては、思っているほど簡単ではないと思います。しかし、気持ちがはっきりしないままグズグズと時間を過ごすのは、「やる気」の分散、無駄遣いと言えるでしょう。

「スイッチオフ」のコツは、場所・時間に変化・制限を加えることでしょう。物理的な変化・刺激を加えるとすれば、この2要因以外にはないからです。今いる場所を一定時間離れて歩いてみるというのも、一つの方法です。締切の心配さえなければ、寝てしまうのもありだと思います。

何か課題を抱えていて、「やる気」が下がっているとき、無理矢理「オン」にするか、逆に思い切って「オフ」にするか、どちらかに舵を切ってみるという決断を、「とりあえず」行うことです。

第1章まとめ

未来が想像できないということは、希望に気づいていない状態

「やる気」の維持に欠かせないのが「面倒」「億劫」などを振り払うエネルギー

インターネットとSNSの発達が、未経験の疲労をもたらしている

「やる気」のマネジメントができないと、年収100万円になってしまいかねない時代

人間には、パソコンの起動ボタンのような簡単な「やる気スイッチ」はない

「お金のため」という動機は「やる気」を阻害する

無理矢理にでも始めれば、「やる気」は自然と出てくる

第2章

職場でやる気が上がる人、下がる人

07 人生はマンネリとの闘い

入社したてのフレッシュなとき、あるいは新しい仕事やプロジェクトを始めたときなどは、プレッシャーもあって緊張します。新鮮さや今後の不安や期待感など、刺激と緊張感に満ちていることが少なくないでしょう。

4月は「緊張していてあっという間でした」というフレッシュパーソンも、5月、6月と時間が経つにつれて、いい意味でも悪い意味でも「慣れ」が生じてきます。**緊張感が薄らいで硬さが抜けてくる一方で、仕事や職場の「イヤな部分」が見え始めてくる時期でもあります**。

個人差はあるでしょうが、数か月もすれば何かしらの不満も生じてくるでしょう。要領良くと言えば聞こえはいいですが、手を抜いてしまう部分が出てくるのも、仕方のないことかもしれません。

「マンネリ」という言葉があります。この言葉がよく用いられたのは、テレビ番組でしょう。筋書きが固定化して飽きられてしまったドラマやバラエティの長寿番組が、えてして「マンネリ」の罠に陥りました。今でも、マンネリになってしまった帯番組は、いくつか残っているのではないでしょうか。

マンネリは、表現が型にはまってしまったことを意味するマンネリズムの略語です。「飽きてしまった」「つまらない」「新鮮みがない」「ネタ切れ」「毎回ワンパターン」「時代遅れ」といったネガティブなニュアンスで使われることがほとんどです。マンネリの終末像は、終わったコンテンツ、いわゆる「オワコン」と現代では揶揄《やゆ》されるようです。

しかし、マンネリにも長所がないわけではありません。同じ仕事を続けてきたためにマンネリ化してしまい、仕事に嫌気がさしてしまうことは、誰しも経験していることでしょう。この状態を、心理学用語で「馴化《じゅんか》」と言います。

「馴化」とは、ある刺激に対する反応が徐々に減少していくことです。「慣れ」を学術用語で難しく表現したと思って結構です。一般的には、異なる環境に移された生物がその環境に適応するために慣れていく、変わっていく、ということをさす言葉です。

未経験の新しいエキサイティングな刺激に満ちた毎日が延々と続く……これは考えてみれば非常にタフな状況です。仕事に慣れるのは自然な経過であって、毎日やっているルーチンワークに対して、そのたびに「ああ、こんなこともあったんだ！」と新鮮な驚きを感じるのは、どう考えても不自然なことです。

馴化とは、人間にとって必要なプロセスとも考えられます。時代劇や2時間サスペンス、あるいは長寿帯番組などには、予定調和的な進行＝マンネリから得られる安心感もあるのです。

人生のキャリアは、この馴化とのつきあい方次第だと思います。同じ環境に長くいれば、マンネリにはなってきますが「このままでいいや」という安堵感は得られます。キャリアアップのために転職を何回か経験すれば、刺激と期待感には富んでいますが、緊張感と先行きの不安がつきまといます。

もしかしたら**「馴化」への対応力が、キャリア形成をかなり左右している**のかもしれません。マンネリが苦手な人は、環境を変えて人生を進んでいく人でしょう。マンネリにそれなりに親しめる人は、同じ組織に踏みとどまって能力を発揮できる可能性があるということです。

どちらが向いているか、これは難しい質問です。人間は老化とともに保守的になり、馴化能力が低下していきます。それを考慮すると、マンネリに親和的な人もそうでない人も、ある程度はチャレンジをしておいたほうがいいという一般的な結論になります。

仕事をやめたいとき、転職するとき、この「マンネリ・馴化」という概念を思い浮かべてみてください。「マンネリ」は、悪い意味ばかりではありません。仕事をしていく意味では、必要な要素でもあるのですから。

08 飽きっぽい脳をダマすにはコツがある

「また仕事かぁ……やる気ないなぁ」

「前ほどモチベーションが上がらないなぁ」

やる気、意欲の問題では、みなさん悩んでいるようです。わたし自身も、「仕事行きたくないなぁ」「原稿を書かなきゃ……」と、モヤモヤすることも少なくありません。

ダイエットや資格勉強などは、三日坊主に終わりがちです、意思はあるけれども、続けられるかがいちばんの問題です。2、3年周期で新たなダイエット法に人気が集まることからも、持続するのがいかに難しいかがわかります。

「やる気」に関する一般書では、飽きっぽい脳を「ダマす」テクニックが説明されています。脳科学的な観点から言えば、「やる気」のメカニズムは「淡蒼球」という脳部位から説明できます。

もう知っている人もいるかもしれませんが、簡単に復習しておきましょう。脳には「大脳基底核」という部位があります。大脳基底核は、運動や認知、感情など幅広い機能に関与している脳部位です。この大脳基底核の一部に「淡蒼球」という部位があります。この淡蒼球こそが、やる気などの意欲的な気持ちをつかさどっていると考えられています。

この淡蒼球の活動を活発化させるのは、からだを動かすこと、つまりは運動です。たとえば、運動を始めてしばらく経過すると、人は前項目で説明した馴化の過程に入っていきます。その運動が好きならばともかく、少しでも苦痛を感じるのであれば、人はその時点で「つらいな」と、一種の不快なマンネリを感じます。同時に、運動への関心が低くなり、「もういいや」「やめようかな」などと、継続が難しいという誘惑に囚われ始めます。

しかし、ここでなんとか継続することで馴化の過程を乗り切ると、淡蒼球だけでなく、脳の「線条体」という部分にもその影響が及びます。

線条体の主な働きは運動機能への関与ですが、その意味でも淡蒼球と密接な関連性を持っている部位です。線条体が活発になることによって、やる気をつかさどる淡蒼球も活発になるというループのような仕組みが、最近の研究でわかってきています。

ダイエットのための運動でも、資格のための勉強でも、**「とにかく今すぐ行動を始めなさい」が「やる気」を出すコツです。**

ほかには、「3か月後までに3キロやせる」「今年の資格試験に向けて頑張っている」と、他人に公言するのも効果的でしょう。外部からのプレッシャーを利用する方法です。

しかし、

「なんとなく仕事がイヤになった」

「もうこの会社やめて、転職したい」

こういった場合では、「とにかく動け」というアドバイスは酷に聞こえてしまいます。根本のモチベーションが低くなっている、あるいはなくなってしまっているので、「行動する」動機付けができません。

報酬系の神経伝達物質であるドーパミンを刺激する作戦も、よく提唱されています。いわゆる、「ご褒美」です。この仕事が達成されたら、旅行や食事にでも行こうかという、いわば社会人のモチベーションアップの常套手段です。

しかし、最近の「ブラック企業」問題ではないですが、ご褒美くらいではやる気が保てない状況も、増えているのではないでしょうか。そもそも、自分へのご褒美を考える時間的・経済的な余裕がないという人も、少なくはないと思います。

非正規労働者や名目管理職を酷使して利潤を上げる企業が台頭する現代日本においては、

「脳をダマす」ことでモチベーションを上げる技術だけでは、限界に来ているような印象を受けるのです。

「脳をダマす」、より高度の技術が、果たしてあるのでしょうか。次項目では、その戦術について考えていきたいと思います。

09 やる気の鍵はドーパミンが握る

「仕事はしたくないけど、お金も必要だしなぁ……」

「独立したいけれども、収入が安定しないのは不安」

「転職先では自分のやりたかったことができるけど、待遇がちょっと……」

仕事に対するモチベーションには、金銭的な報酬だけでなく自己実現感、自己承認欲求、プライドなど複雑な要素が入ってきます。「この仕事がベスト」などという単純な答えはありません。

報酬が、人間の意欲を活性化させることとは、科学的にも知られている事実です。給料など金銭的報酬はもちろん、**「ホメられる」といった精神的報酬も、人間のやる気をアップさせます。**

神経伝達物質の一種であるドーパミンが、意欲やモチベーションなどにかかわる脳の報酬系をコントロールする物質として、一般書でもしばしば紹介されます。簡単に復習しておくと、何かをやり遂げて報酬を得られることがわかると、「腹側被蓋野」と「側坐核」という脳の部分が活発になります。このとき、活性化される物質がドーパミンです。

このドーパミンは、脳の中枢神経系に存在する神経伝達物質の中では、意欲や喜びといった精神活動に大きく影響すると考えられています。物欲や承認欲求が満たされることによって脳の報酬系が強く働き、モチベーションが上がっていくというメカニズムです。

「この会社に3年いてもなぁ……」というような状況で、中途半端な報酬では、モチベーションの低さは変わらないか、かえって無気力が強まってしまうかもしれません。

モチベーションに波があり、数年先の将来に不安を感じているときなど誰しも経験する鬱屈とした状況ですが、この事態を打開するヒントになるような科学的証拠はないのでしょうか。

現在はハーバード大学医学部の精神科講師であるマイケル・トレッドウェイ博士が、前任のヴァンダービルト大学で行った実験結果に、そのヒントが隠されています。

実験内容ですが、被験者にボタンを押す簡単な課題、難しい課題のいずれかを選んでもらいました。簡単な課題では1ドル、難しい課題では1～4・3ドルの報酬が得られます。

課題の難易度を選択したあとで、報酬は確実に得られるわけではなく、その確率は、低い、中くらい、高いのいずれかであることがあらかじめ告知されます。

被験者が退屈しつつもボタンを押している間の脳活動を、PET（ポジトロンCT）を用いて調べました。その結果、多くの報酬を得ようと頑張る意欲の高かった人では、左の線条体と腹内側前頭前皮質という脳部位のドーパミンの働きが活発でした。またこのタイプの人は、報酬を得られる確率が低くても、モチベーションを維持する能力に長《た》けていたのです。

もう一つわかったこととして、側頭葉の島《とう》皮質という部位のドーパミンの働きが強いほど、努力しようとする意欲は低かったのです。島皮質のドーパミンが活性化すると、「まあ、サボってもいいか」など怠惰になってくるとは、興味深い結果です。いわば島皮質は、楽しくない課題をやらなければならない苦痛を担当している脳部位とも言えるでしょう。島皮質のドーパミンの働きすぎは、「やめちゃおうっと」というドロップアウトにつながりかねないというわけです。

意味も感じられない、退屈な仕事。先行きが不透明で、理不尽な決定が多い会社。しかし、最も必要とされる仕事は、最も楽しくないものであることが少なくありません。野球の素振り、英語学習での英単語の暗記など、挙げればキリがありません。

会社に不満を感じているときは、あなたの島皮質のドーパミンが活性化している可能性があります。肝心のやる気に関係する線条体などのドーパミンは、逆に低下しているかもしれないのです。

「会社やめちゃおうかな」という考えは、あなたの脳の不満分子とも言える島皮質のドーパミンの働きによるものかもしれません。ドーパミンが意欲や報酬系だけでなく、依存症など快楽に関係している事実を考えると、不満分子の声に従うのはやや危険な判断かもしれません。転職には、理性的な理由や準備など、「やめちゃおう」以外の根拠が必要であることは、脳科学の研究を通じても頷《うなず》けることではないでしょうか。

10 繰り返しが「決意」を「執念」に変える

今までのあなたの人生の中で、「決心したこと」「決意したこと」の達成率は、果たして何割でしょうか。なかなか耳の痛い質問でしょうが、わたしならば2、3割といったところでしょうか。「半分くらい」という人もいれば、「8割以上」という強気の人もいるかもしれません。

ダイエットや日々の運動、英会話などの勉強については、何回も決心して出直している人が、少なくないのではないでしょうか。決心や決意というのは、継続を求められる生活習慣については、無力なことがほとんどです。

モチベーションは、「馴化」プロセスによって、かならずトーンダウンしてきます。それよりも、昼食はダイエット飲料にする、休日午前中だけはフィットネスジムに通うなど、実行可能な習慣に落とし込んで、故意に「マンネリ」化させるほうがいいでしょう。

しかし、転職や独立、留学といった人生の一大転機を考える場合は、「決心」「決意」が不可欠でしょう。ダイエットとは、目標の次元が異なります。決心や決意に基づいて、目標を達成するべく日々の行動や習慣が計画されていくのが、通常でしょう。

「3年後に独立開業する」

「2、3年以内に、仕事も待遇も充実している会社に転職する」

「MBA留学を、30歳までには実現する」

こういった目標達成のために、資金作りや能力アップなど、努力を積み重ねていくことになります。「なんとなくお金を貯めよう」「とりあえず英語力を付けておこう」では、やはり動機付けとしては弱いと言わざるをえません。

決心や決意には、「固い」という形容詞がよく使われます。簡単に動揺して楽なほうに流れてしまっては、決心や決意ではなくなってしまいます。しかし、固い決心がすぐにどこかに行ってしまった経験を、みなさんお持ちではないでしょうか。

重大な決心や決意を、そう易々と捨ててしまうわけにもいきません。**「執念」や「妄想」という、一歩進んだ強固なものに持っていければ、努力を続けていくことが可能になります。**

「妄想」に関する研究は、精神医学の分野では多く見られます。統合失調症やうつ病、認知症などでは、被害妄想がしばしば見られます。メカニズムが完全にわかっているわけではないのですが、ドーパミンの働きが過剰になることが関係していると見なされています。

ドーパミンの働きを抑える薬剤によって、妄想はなくなるわけではありませんが、距離は取れるようになります。「絶対にこれはAの嫌がらせだ」という被害妄想から、「Aのせいかもしれないが、そうでないかもしれない」という程度に、妄想から距離が取れ、被害妄想による当人の苦痛も和らぎます。

「執念」という概念は、妄想と似ているようで異なるものです。「諦めない」「七転び八起き」といった表現が思い浮かびます。一つのことに執着し、疑いを持たずに努力を続けている様子は、まさに執念深いということになるでしょう。

「執念」は、いくつもの対象に持つことは不可能でしょう。唯一の目標に対して持つ、執着心です。精神医学の世界では、「執着気質」という概念が古くからあります、日本の精神医学者、下田光造氏の唱えた概念です。執着気質とは、一度生じた感情が長く持続・増強する性格特性であり、特徴としては強い責任感や仕事熱心、徹底的、熱中する、几帳面、正直、凝り性が挙げられます。周囲からは模範的、シュアな人と評価は高い反面、融通が利かない、しつこいなどといったマイナスの評価を受けることがあります。

しかし執着気質の人ならば、「3年先が想像できない」不安とは、あまり縁がないでしょう。逆に言えば、**3年先が不安で転職や独立など重大な目標を考えている人は、執着気質と言えるくらいの執念を持つことが処方箋となります。**妄想や執念には、漠然とした不安を軽減する効果があるのです。

妄想や執念は、人間を活性化させます。「隣の家から嫌がらせを受けている」という被害妄想を持っている人は、警察や役所にクレームを出すなど活発です。「是が非でもやり遂げなければならない」といった執念も、振り返ったときにはエネルギーを発揮します。

将来への不安を感じながらも何らかの計画を持っている人は、執念のレベルに格上げする試みをしてみるのは、いかがでしょうか。具体的な方法として、くじけそうなときに自分をふるい立たせるフレーズを持っておくことです。「絶対に諦めない」「まだだ、まだ終わらんぞ」など、お気に入りの言葉を決めておけばいいでしょう。自分のフレーズを繰り返し口にしていくこと、これが「決意」を「執念」に変化させる習慣です。

11　やる気と依存は紙一重

この本を手にされた方は、いつも仕事のことを考えているエネルギッシュな「仕事依存」の人に、ある種の羨望を持っているかもしれません。

「あの部長のように、打ち込める仕事があれば……」

「どうしたらAさんみたいに仕事好きになれるのかしら」

「あいつはいつも楽しそうに働いているな」

隣の芝生は、青く見えるものです。仕事熱心な人と比較して落ち込んでしまう瞬間は、誰しも経験があるのではないでしょうか。

楽しく仕事をしていて、プライベートも充実している人は、尊敬すべき存在でしょう。しかし、仕事のみを生きがいとして毎日遅くまで残業し、結果的に自分も含めた家庭を放棄して休日にも仕事に対して執着するような人は、仕事依存症候群（ワーカホリズム）と呼ばれます。ワーカホリズムとは、work（働く）とalcoholism（アルコール依存）をかけあわせて作られた造語です。

アルコールや覚醒剤のように、後ろめたい快楽を求めての依存とはやや異なります。仕事にハマるのは、酒浸りになるのとは違って世間的にも美徳です。仕事時間が圧倒的に増えて生産性も上がるので、他者から非難されることもなく問題点は隠蔽されがちです。

しかし、**仕事依存もアルコール依存やギャンブル依存と同じように、依存症のメカニズムが関係しています**。脳の報酬系のメカニズムを担う、ドーパミン系の異常です。

集中力や意欲を高めるだけではありません。ドーパミンは楽しさ・心地良さといった快楽の感情も生み出す働きを持っています。また、人間が物事を行うときの動機付けの役割や恋をしているときにからだに現れる症状（顔が赤くなるなど）にもドーパミンが関係しています。

ニコチンやアルコールは、それぞれドーパミンを活性化させます。ドーパミンの刺激が快楽を生じさせ、これが条件付けとなってますます刺激を欲するようになります。ニコチンやアルコール、覚醒剤の一種アンフェタミンなどの薬物・物質が依存形成としては有名ですが、ギャンブルや買い物、インターネット、携帯電話（スマホ）といった行動に関するものも、依存を形成することが知られています。ネット依存やスマホ依存は、まさに現代の社会問題です。

仕事依存も、こういった依存症と似ている部分をかなり有しています。「オレは仕事第一」と表面上の認識はありますが、仕事依存を罪悪とは本心では認識していません。自分や家庭を顧みず、家族に多大な迷惑をかけていることには無頓着です。

アルコールは、飲みすぎるとトラブルになります。買い物依存では、お金の問題が生じてきます。ただ仕事依存では、むしろ仕事ができて評価が上がってしまうため、問題が表面化しにくい難点があります。

しかし、**エネルギッシュに見える仕事依存の人にも、心身にさまざまなトラブルが生じてくる**場合があります。仕事時間に比べて結果が出ない、部下や同僚が自分の思うように動かない、家族から孤立してきたなど、足下には不安材料がいっぱいです。アルコール依存症の人がお酒の害によって心身ボロボロになるように、買い物依存の人が借金漬けになるように、仕事依存の人もバーンアウトの果てに、衝動的な退職・転職、不幸な場合は過労死など、生活面での問題が生じてくることがないわけではないのです。

そもそも「依存」とは、ほかのものに頼ることによって、物心ともに安定を得ることを意味します。主体性があるというわけではないのです。仕事に頼って生きている「仕事依存」の人と自分とを比較して、がっかりする必要はありません。主体的に仕事もプライベートも充実させている人こそ、目標とすべき人だと思います。

12 「努力できる才能」を手に入れるには？

元ニューヨーク・ヤンキースの松井秀喜氏の座右の銘は、「**努力できることが才能である**」という言葉であることは広く知られています。転職や独立、起業といった重大な決意を実現するためには、地味な努力を困難に打ち克って続けていくことが不可欠です。抜きん出た才能よりも地道で退屈な努力を続けられる能力のほうが、成功するためには必要な要素なのかもしれません。

脳をダマす仕組みの部分で説明した、やる気に関係する「淡蒼球」と「線条体」のメカニズムですが、神経学的にもう少し詳しく見てみましょう。難しい専門用語も登場しますが、少しだけご容赦ください。

線条体は大脳基底核の重要な成分です。従来は手足の動きなど運動機能に関係しているとされていましたが、近年では判断・意思決定や意欲・モチベーションといった人間の認知にも重要な役割を果たしていることがわかってきました。

「やる気」の源泉とも言える大脳基底核を活性化させるのは、脳ではなくからだの動きということが、わかってきました。いくら頭で「やる気出すぞ」と念じていても、残念ながら効果は低いようです。むしろ、からだを動かすほうが意欲を高めるには合理的なようです。

身体からの刺激が、線条体⇕淡蒼球という「やる気」の神経ループを活性化させるという結論です。エクセルの数値埋めや定例の書類作りなど、不毛とも思えるルーチンワークは、仕事にはつきものです。**バカバカしいと思える作業でも、やり始めれば多少は気分が乗ってきます**。特に単純作業ならば、なおさらそういう傾向があります。

「努力できるのが才能である」とは、努力する習慣を形成することにほかなりません。線条体に対して、努力を習慣としてインプットすることとも言い換えられるでしょう。

重要なのは、悪い嗜癖《しへき》を習慣化させないことです。前項目で依存の例として、アルコールやニコチンといった物質、あるいはギャンブルやインターネットなど行動に関するものを挙げました。これらは、悪い習慣とも言い換えられます。線条体にこれらの悪癖が習慣化されれば、「やる気」ループが逆に災いして、法律や倫理に反する行為への渇望が強くなってしまいます。

しんどくて無味乾燥な努力を「線条体」に習慣化させていくには、どうしたらいいのでしょうか。「やる気の鍵はドーパミンが握る」の項目で少しだけ紹介しましたが、なんといっても他人に評価されることでしょう。俗に「ホメられる」ことです。

金銭的な評価も効きますが、地道な努力にはなかなか大きな経済的対価は払われません。書類をキッチリ作っても、それだけで気前良くボーナスを支給する会社はないでしょう。

「よくやっているじゃないか」

「なかなか頑張っているな」

「素晴らしい仕事ぶりだ」

こういったシンプルなホメ言葉が、快楽を生み出す側坐核を刺激して「つらい」「退屈な」仕事を、「なんとか頑張ってみよう」「続けているといいことあるかも」という認識に変えてきます。

わたしの母校の有名な教授が、在職中に以下のような主旨のことを仰っていたのを覚えています。

「研究なんて興味はまったくなかったが、ボスにうまくホメられてダマされているうちに、こう（教授に）なってしまった」

偉大な師匠は、弟子の脳をダマすのが上手なようです。このエピソードを現実生活に応用するならば、ルーチンワークでモチベーションを失いかけている、目標を見失っている人は、あなたの**地道な仕事を評価してくれる友人を一人でいいので持つ**ことです。家族でももちろん構いません。自分一人で孤高に努力するのは、できる人もいるでしょうが厳しい道のりです。

友人、家族のひと言が、側坐核を刺激して線条体に働き、努力を続ける力を与えてくれるはずです。習慣に変えていくことが、停滞した現状打破だけでなく、大きな目標の達成への地道で確実な一歩であることに間違いはないでしょう。

13 「野望」だけでなく、小さな希望も大切にする

「やる気」「モチベーション」がどうしても上がらない閉塞状態の打破を考えるときには、報酬系やドーパミン、大脳基底核など、どうしても脳科学的な内容ばかりに説明が偏ってしまいます。わたしたち人間の意欲を考えるには興味深い事実が多い一方で、「ではどうすりゃいいの」という具体策との橋渡しが、いつも問題になります。

科学や医学はいったん脇において、**「希望を持つ」というシンプルな心がけは、やる気だけではなく生きる上でも、最も大切**なことかもしれません。希望には、温度差があっても構いません。大それた「野望」でも、日常生活の普通の希望でも構いません。

たとえば政界に出たい、芸能界にデビューしたいという野望を持っている人ならば、すでに行動していることが多いでしょう。政界ならば、政治家の秘書や政治家育成塾の塾生になるなど。芸能界ならば、数多くのオーディションにとにかく申し込むといった行動で

しょうか。考えているだけでは、何も変わりません。その意味では、希望と行動とが直結していると言うことができます。

しかし、一般のビジネスパーソンであれば、希望と行動との関係はどうでしょうか。例に出した政治家や芸能人を志望する場合よりは、直接的ではないことがほとんどでしょう。小まめな営業やクレーム対応を頑張っても、「何のためにやっているの?」と、子どもにストレートに質問されれば、答えに窮してしまう大人が多いのではないでしょうか。現代人は、希望と行動とが、はっきりリンクしていないように思えるのです。

ヴィクトール・フランクルの名著『夜と霧』(みすず書房)の中で、あるエピソードが紹介されています。収容所内で、ある期日までに捕虜が解放されるというデマが流れます。デマなので期待は裏切られるわけですが、その際に「解放される」という希望を持っていた人はその後も生き続けることができました。一方で、希望を持てなかった人は生き延びることができなかったことが、観察されています。

ナチスの強制収容所と比較するのは乱暴でしょうが、日本の若年層も相当の閉塞感を抱えて生きていると思います。「ブラック企業」「非正規雇用」「雇い止め」「産休切り・育休切り」など雇用に関する現代造語を耳にするたびに、希望という言葉が白々しくなるご時世を感じざるをえません。

「経営者になりたい」

「転職して認められたい」

「独立開業したい」

「大学教授になりたい」

残念ながら、どの希望も実現が簡単なものではありません。企業経営や転職、独立開業も、失敗談などを聞いてしまうと、希望と表現していいのか迷いが生じてきます。本やドラマなどの『白い巨塔』では権力者として君臨していた医学部教授ですが、最近では大学医局の力も弱くなり、定年を待たずして退職してしまう人もいるくらいです。

立身出世だけが、希望ではありません。

「ストレスの少ない生活」

「家族といっしょの時間が取れる生活」

これらとて、恥じることのない立派な希望です。むしろ、このような人間的な希望を「怠惰」「無気力」と位置付けてきた日本の労働観のほうが、異常なのかもしれません。他人と比較せず、自分が本来求めている希望とは何かということを、考え直してみる機会を持つことも必要かもしれません。

しかも、希望は一生固定しているものではありません。ライフステージに合わせて、変わっていくのが自然です。**人生その時々の希望に応じた「やる気」を得ていくぐらいの自然さが、結果的には「3年後の不安」に対する処方箋**のような気がします。

第2章まとめ

マンネリへの対応力が、キャリア形成をかなり左右する

「とにかく今始めること」がダイエット・勉強のやる気のコツ

「決意」を「執念」にレベルアップすると、やる気が活性化される

仕事もプライベートも充実させている人を目標とする

頭で考えるより、身体を動かすことが意欲を高めるのには有効

ホメてくれる友達を身近に持つ

「ストレスの少ない生活」「家族といっしょの時間が取れる生活」など小さな希望を大切にする

第3章

会社は自分次第で天国にも地獄にもなる

14 「プラス思考」になるより「諦め」上手になれ

厚生労働省が2013年に発表した「新規学卒者の離職状況に関する資料」を見ると、「入社3年で3割の社員が離職する」という結果は1996年から15年間変わっていないことがわかります。

離職・転職の心理的動機としては、入った会社に対するネガティブイメージが多いようです。「別の会社でスキルを高めたい」「新天地で能力を伸ばしたい」という、ポジティブな転職理由は、さほど多くはないようです。

リクルート マネジメント ソリューションズが2013年に300名を対象にして行った調査によれば、3年以内に転職した人のうち、元の会社に対して入社後に「どちらかといえば悪い印象に変わった」ないし「非常に悪い印象に変わった」とネガティブなギャップを感じた人は、53・9％に上りました。

転職を決めた理由に、特に注目してほしいです。最も**多かったのは、「長時間労働など過酷な勤務状況」。以下、「割に合わない労働」「職種が自分に合わなかった」「経営状態の悪化」などネガティブな理由**が延々と続きます。キャリアアップを図りたいなど前向きな転職理由は、予想以上に少なかったという結果が出ています。

ネガティブな心理が強く働くのは、入社前後の会社に対するイメージギャップであることは言うまでもありません。これは受け入れざるをえない、やむをえない事実でもあります。現場の情報量と社外に公表される情報量とでは、圧倒的に異なります。社内での過労死、過重労働による自殺などは、個人情報保護と会社の透明性確保の狭間で、公表が難しい性質の情報でもあります。

特に一流企業に勤めた場合は、理想と現実とのギャップがいっそう大きくなり、精神的な葛藤も強くなります。憧れていた有名企業に内定をもらった時点が、いちばん自分の中での評価が高いときです。マスコミや書籍の影響で持ち上げられていた評価ですが、入社後のつらい経験は、すべてマイナスに働きます。減点法でネガティブに評価が下がっていくことがほとんどです。

以上のデータから見ても、泥臭い現実を知らずに企業イメージを理想化し、会社にかける「期待」が大きすぎる場合に、精神的にも苦しくなることが多いと予想されます。

世界に名だたる企業であろうが、そこは人間組織の作り出す社会です。聖人君子が集まった理想郷ではありません。組織のためには、冷酷に平社員のような末端分子を切り離すこともする、非情な部分も持ち合わせていることを忘れるべきではないでしょう。

入社後のイメージギャップに悩んでいる人は、**「やめたい」「転職したい」と衝動的に思い詰めるよりは、まず自分の「期待」をいったん捨てることです。**イメージギャップは、高望みをしていることにほかならないからです。

期待や理想をいったん捨てて、

「ここはどうしようもない」

「会社だから仕方がない」

「マスコミの取り上げ方なんて外面だ」

と、そこから自分が今後何をなすべきかを考え始めるといいでしょう。ネガティブな感情を和らげてくれるのは、変な自己啓発本を読んで「前向き前向き」と念仏のように唱えて前進する強引なポジティブ思考ではありません。「諦めの境地」に、一時でも入ることで、次のステップにつながる場合が、精神科治療の中でも多い印象を持っています。

そこから、踏みとどまって頑張るか、転職に向けてアクションを起こすか、両面作戦で行くかなど、落ち着いた判断ができていくと思います。ネガティブな野性的感情だけで衝動的に動くことは、後々の悔いを残すことになりかねません。

15 転職を考える前に知っておくべきこと

「キツい仕事から早く抜け出したいなぁ」

「毎日しんどいし、やめちゃったほうがいいのかな」

「会社から逃げ出すことができれば……」

転職、いや正確に言えば「逃避」「逃亡」が頭に浮かぶことは、誰しも経験することでしょう。踏みとどまるか、逃げるかは、人によって状況が違うので定番の答えはもちろんありません。

精神医学的には、ちょっとした困難でもすぐに「逃げて」しまう人は、実際にいないわけではありません。おそらくは子どものころからずっと、困難なことから逃げたり、見て見ぬふりをしてやり過ごしたりしてきたと推察されます。このような人格を、「回避性パーソナリティ」と呼びます。

「もしかして、当てはまっているんじゃないか」

と心配な人もいるでしょうから、「回避性パーソナリティ」について少し説明を加えましょう。簡単に言えば、「どうせ自分は失敗してしまう」「どうせ自分は人から嫌われてしまう」と思い込みがちな、引っ込み思案、臆病なネガティブキャラです。最初から何もしないのがいちばん楽で安全だという考えに支配されています。

人間関係においても、不安感や緊張が強いのが見え見えで、オドオドとしていかにも自信がないという人が少なくありません。ただ、まったく人間関係を絶って、自分の殻に引きこもりたいわけではありません。人とつながりたい、認められたいという欲求は強いものがあります。ただ拒絶されることに敏感なので、積極的に人と交わろうというわけにはいかないのが、このタイプです。彼氏や彼女がいい年齢になってもできないのは、回避性パーソナリティが関与している可能性があります。

ただ、回避性パーソナリティでは、「転職」する勇気と行動は、なかなか起こせないと考えられます。それどころか、**「辞職」という決断からも逃げてしまい、結果的にダラダラと社内で問題から目をそらす人生になってしまう**可能性が高いのではないでしょうか。

「転職」を「逃避」と関係付けてしまう人が、一定数います。

「こんなところでほかの会社に行くなんて、責任放棄だ」

「そんな飽きっぽいのでは、どこに行っても長続きしないよ」と、「転職」＝「逃避行動」と脊髄反射的に結びつけてしまう人が、やはりいないわけではありません。

「転職」の原因、すなわち心理的動機が自分の中ではっきりしているかが、「回避行動」かどうかの一つのリトマス試験紙でしょう。さらに、今の会社で直面している問題点を、転職先で処理できる具体策を持っているかも、重要です。

「上司とソリが合わないから、やめる」を例に取ると、ソリが合わない落ち度があなたにあるかもしれません。原因の分析は、まだまだ不十分です。おまけに、転職先でも上司とソリが合わない可能性は、十分にあるわけです。

原因不明で、対策も講じておらず、再発の可能性がある。このような転職は、現実逃避と結論付けられても仕方がないでしょう。ゲームのように、簡単にリセットできると考えるのは子どもじみています。

逆に、原因がはっきりしていて、できうる限りの努力をしたがうまくいかなかった。職場を変えれば、こういった対策で乗り切ることが可能であるというビジョンが持てるならば、「転職」という行動も視野に入れるべきです。

このときも、「それは現実逃避だ」というささやきが、周囲からも自分のこころからも、聞こえてくるかもしれません。しかし、最初に説明したように、「回避性パーソナリティ」の人は、「転職」という決断からも逃げてしまうことがあります。

転職の動機と成算について自分を説得できるか、また反対する家族や友人に抗って自分の決断を通すだけの強い意志と、客観的な自己分析の裏付けがあるか、ここがキーポイントなのではないでしょうか。

16 職場で覚える「疎外感」は勘違いかも

「自分なんていなくても、仕事回りそうだな」

「会社の居心地が悪くなったな」

こういう考えが脳裏に浮かぶようになったならば、会社をやめたくなってきた初期症状かもしれません。会社における自分の存在意義が希薄になってきている、あるいは職場に居場所を見出せないことによって、周囲から疎まれているのではないかと不安に陥る「疎外感」。みなさんも、「疎外感」を覚えた経験はないでしょうか。

一昔前と違って、現代の職場は孤独感や疎外感を強くする要因が揃っています。パーティションなどで、個人スペースが区切られているオフィスは、昔はほとんどなかったように思います。ＩＴの発展によって、職場内での会話量は減少しているのも事実でしょう。「隣の席とのやり取りをメールで済ませる」「生の会話はなく、コミュニケーションはすべてＳＮＳ」、油断すると、「今日は誰とも会話をしなかった」という事態も、実際に生じている現象かもしれません。

職場における「疎外感」については、心理学的研究がかなり前から行われています。諸研究で概《おおむ》ね共通するところは、**疎外感を覚える労働者は仕事に対する満足感が低く、給料など物質的価値を重視しています**。反面、疎外感を覚えていない労働者は、仕事に満足感を抱き、物質的要素よりもやりがいなど、精神的な満足感を重視し追求する姿勢が強いという結果が現れています。

日本人特有の気質も、関係しているかもしれません。独立した個人主義を尊重する欧米とは異なり、日本人の人間関係は相互依存的です。「ノミニケーション」「長いものに巻かれろ」「連れション」など、ウェットな人間関係を表現する用語は数知れません。常に人間関係を依存的に求めてしまうために、少しでも関係が薄くなると「疎外感」を覚えてしまうのかもしれません。

個人の心理で言えば、疎外感は「投影」というメカニズムが働いていることが多いと思います。投影という用語は聞かれたことがあるかもしれませんが、「自分の思いや考えを、他人に映し出す」こころの動きを意味します。相手が不機嫌でイヤそうな顔をしているときは、実は自分のほうがイヤな考えを持っている場合がありうるということです。

投影というこころの動きを元に、「疎外感」を分析してみましょう。他人がよそよそしい、自分がつまはじきにあっているような気がするとき。相手が本当にあなたをよそよそしく排除・疎外しているかは、実際に相手に聞いてみるしかありません。相手の表情や仕草を見て、あなたが「わたしを避けている」「疎んじている」と、勝手に想像している可能性もあるのではないでしょうか。

「疎外感」は、実際には存在せず、「投影」によってあなたの脳内で勝手に生産されたのかもしれないのです。だとしたら、どうすれば勘違いかもしれない「疎外感」から逃れることができるのでしょうか。

「投影」と闘って打ち消すのは、なかなか容易なことではありません。どんな状況であっても、たいていは自分の感情が投影されて相手に映っていると考えたほうがいいでしょう。

相手が抱いている感情＝自分が抱いている感情というふうに、自分の感情として見つめ直すことが重要になってきます。

「課長から疎んじられている」
「同僚からシカトされている」
ではなく、

「自分が課長を疎んでいるのかも」

「実は自分が周囲を無視しているのかも」

と思い直すことが、「疎外感」に悩んだときは大切なのです。

17 実行不可能なコンプライアンスに苦しめられているとき

オリンパスの不正経理や大王製紙の巨額資金流用、九州電力の原発推進やらせメール。最近では、アルバイトによる悪ふざけ写真のツイッター投稿事件などが続いています。企業が法律や倫理をきちんと守る「コンプライアンス（法令遵守）」は、時代の要求とも言えます。

しかし反面、ルールがあまりに厳しく守られてしまい、**かえって利便性や効率が低下してしまっている「過剰コンプライアンス」問題が、企業だけでなく現場で働く人をも苦しめています。**

「会社ではハードディスクもUSBメモリも使用禁止」
「災害など緊急用の居住者名簿・緊急連絡先名簿が作れない」
「部下と二人で飲むのはパワハラ」

「派遣の女性に電話番号を聞くのはセクハラ」

現場での「過剰コンプライアンス」例は、枚挙に遑《いとま》がありません。わたしの勤める医療業界でも、家族と確認できる人以外からの患者さんの安否を尋ねる電話には、「個人情報保護」のもとにシャットアウトされるのが通例です。電話を断られた患者さんの友人から、クレームを受けたこともありますが、親しい友人ならば文句の一つも言いたくなる心情はわかります。

過剰コンプライアンスが、日本企業の発展性を抑え込んでいる事実も、徐々に明るみになってきています。経済評論家の池田信夫氏によれば、パナソニックが「スマート家電」計画を撤回したのも、経済産業省からエアコン作動の安全性に疑問を呈されたことが原因とされています。会社の上層部は、自社の社員やバイトが不祥事をしでかしたせいで、マスコミの前で雁首並べて頭を下げて謝罪となったら一大事です。ビジネスワークからプライベートに至るまでコンプライアンスに結びつけることが、「過剰コンプライアンス」が生じる背景の一つでもあるでしょう。

とばっちりを食うのは、現場で働く人です。仕事の効率を上げて会社に貢献したい、チームの人間関係の風通しを良くしたい、新しいアイデアを試したい……こういった善意に立ちはだかる「過剰コンプライアンス」の壁は、ますます高く厚くなってきています。士気の高い人のモチベーションに負の影響を及ぼしていることは、言うまでもないでしょう。

コンプライアンスは会社や管轄省庁など、個人レベルを超えたところで決まってしまいます。現場の個人個人に、過剰コンプライアンスの害毒から身を守る心得は、あるのでしょうか。これには、わたしも明確な回答はありません。あえて言えば、この「過剰コンプライアンス」の異常性を、絶えず認識しておくことなのかもしれません。言い換えれば、**コンプライアンス・法令遵守という言葉を、常に疑う**ことだと思います。

「過剰コンプライアンス」に対して、「これはおかしい」「矛盾している」「バカバカしい」という当たり前の疑問は、「もうどうしようもない」という諦めに至ることもあれば、「なんとかしないと」という、フラストレーションを伴ったエネルギーにつながることもあるでしょう。後者は、改善や独立、革新といった生産的な方向性に持っていくのに、必要不可欠なエネルギーなのではないでしょうか。

「過剰コンプライアンス」に即効性の処方箋は、残念ながらありません。しかし、この矛盾を認識しておくことは、絶対に必要です。「仕方がない」「決まりだから」という思考停止は、自己発展のエネルギーの灯を消してしまうことにほかならないと思います。

18 「自分を粗末にしない」練習をする

「もうこのプロジェクトどうなってもいいや」

「全部うまくいかない。辞表出してどこかに消えてしまいたい」

「会社やめちゃったら、スッキリするだろうな」

人間には、責任感というものが大なり小なりあります。すべてのことについて、いつも投げ出してばかりという人は、少数派でしょう。

むしろ、たまに思いつく「投げ出したい」願望をどうしたらいいかに、頭を悩ますところでしょう。わたしも、診療や研究、執筆を投げ出して「あとは野となれ山となれ」「楽になりたい」と思うことがしばしばあります。「投げ出したい」と思ったことのない人を探すほうが、難しいでしょう。

こういった**「自暴自棄」の考えは、ネガティブな感情だけが原因ではなく、「自分を大切にしない」という認知の問題も大きい**のではないかと思います。たとえば、ガンを宣告された患者さんは、統計によって差はありますが半数程度は抑うつ状態になると言われています。個人的にも経験はありますが、その中には「悪いことを何もしていないのに、ガンになんかなってしまった」という怒りと、「自分なんかどうなってもいい」という自暴自棄の考えが激しくなる人がいます。

「自分なんかどうでもいい」という考えは、感情というよりも自己認知の問題です。自分に対する認知が、一時的に歪んでしまっているのです。本当にどうなってもいいと本心から思っているわけではありません。自暴自棄は、「なんとかしてほしい」という救いを求めているサインでもあるのです。ただ残念ながら自暴自棄になったときに、都合よく来てくれるこころの救急車のようなサービスはありません。自分でなんとか「自分を大切にする」ように、歪んだ認知を修正しなければなりません。

実践的な認知の修正法を考えてみましょう。「自分は大切だ」「投げ出したらダメだ」と、ポジティブ思考で乗り切る作戦もあります。普段は明るく前向きで、ごくまれにしか「投げ出したく」ならない人には、適切な方法かもしれません。

ただ、そういうポジティブな人は、自然に対応策を会得しているでしょう。わたしの個人的な考えでは、**ポジティブよりも、「ほどほどネガティブ」のほうが、無理のない心構**

えなのではないかと思っています。

強烈な「投げ出し」は、自暴自棄です。自暴自棄の程度を緩めて、「まあ、どうでもいいや」「しょうがないや」くらいのレベルに落として考えるのです。自分に対する要求レベルが高いので、そのプレッシャーから逃げ出したいという心理が、背景に潜んでいます。自分や周囲の要求に、鈍感になることが必要です。

「どうでもいいや」「仕方がない」が、「まあ、なんとかなる」「なるようになる」と少し楽天的になることができれば、理想的です。そこまでポジティブになることはできなくても、「しょうがないけど、やっぱりやるしかない」と自分に言い訳をして、ネチネチと続けられれば、きれいな手段ではないかもしれないにせよ、「自暴自棄」から自分を救ったことになります。

「投げ出したい」は、ネガティブな感情をつかさどる脳の扁桃体と、その扁桃体の暴走を抑える前頭葉との絡み合いの、好例なのかもしれません。前頭葉は、人間の高次な認知をつかさどります。「自分を粗末に扱わない」訓練は、前頭葉を鍛えるということでもあるのです。

19 「この会社なら安泰」という思考停止に陥らない

わたしが高校を卒業したのは、平成元年です。わたしの高校の同級生が4年制の大学を卒業したのは、平成4年以降ということになります。このころは、ちょうどバブル時代で、大手都市銀行に就職した同級生が少なくなかったように記憶しています。

当時は、都市銀行就職組は傍《はた》から見れば、まさに「勝ち組」でした。将来の安定と繁栄が約束されたかのような、うらやむべき存在だったかもしれません。

しかし、バブル崩壊とともに始まる「失われた10年、20年」の間に、都市銀行も様変わりしたようです。厳しい内情は、池井戸潤氏の小説などを読むほうが、理解が早いでしょう。合併を重ねて銀行名も一定せず、しかも現在でも合併前の派閥による勢力争いが続いている様子も、報道から読み取ることができます。

都市銀行ばかりではありません。当時はソニーやパナソニックなど国産メーカーも、輝きを放っていました。エネループを開発した三洋電機は、社名自体が消滅してしまいました。ほかの企業も、時代の流れとともに全盛時の勢いは色あせ、今では生き残りにしのぎを削る日々が続いています。

こういった**大企業の栄枯盛衰から、大企業就職への懐疑論が高まってきています**。ブロガー・ちきりん氏は著書『未来の働き方を考えよう　人生は二回、生きられる』（文藝春秋）の中で、親の安心のために就職する現状への懐疑論を唱えています。たしかにわたしも親から、「大病院に勤めなさい」「開業なんてリスクが高い」と言われているので、他人事とは思えません。

作家の内田樹氏もブログにて、「大学生よ就活をやめなさい」という論陣を張り、就活不要論を唱えています。大学在学中は大学での活動に専念し、就職による社会参加は卒業してから考えればいいだろうという意見です。

ただ、一説には大手コンサルティング会社の敏腕コンサルタントであったというブロガーや、東大卒業の大学教授から「大企業就職の時代は終わった」と言われても、説得力が乏しいのではないかという批判ももっともです。医者であるわたしが同じような主張をしても、批判は免れないでしょう。

では、上り調子のＩＴ企業がいいのでしょうか。たとえばＤｅＮＡ、ＧＲＥＥでしょうが、この業界も将来性は不透明です。ＤｅＮＡは東大卒の新入社員が増加していますが、保守的傾向の強い東大生の入社増加傾向は、衰退のサインという意見もあります。

医者は売り手市場ですが、今後はどうなるかまったくわかりません。医師不足対策として医学部新設が検討されていますが、医師の数をむやみやたらに増やすことは、過剰傾向で低収入にあえぐ歯科医の二の舞となるだけではなく、拙い医療によって患者が不利益を被る可能性も大きくなってしまいます。

くどくどと書いてきましたが、ここでわたしが言いたいのは、**永遠に繁栄を維持する業種を見つけることは不可能であるという、シンプルな事実です**。時代は、滔々《とうとう》と流れていきます。時間の経過とともに自らも年を取り、転職やスキルアップなどの可能性は徐々に縮小していきます。時代の流れについていくのは、加齢とともに難しくなっていく厳しい現実があります。

しかし、社会の変化の可能性について、自分なりの仮説を立てることは重要です。たとえば、現在は高額な給料と言われ、政治家や芸能人の子息が多く勤めると言われる在京テレビ局も、その影響力がなくなることはないでしょうが、今以上に大きくなっていく可能性は低いでしょう。

就職先の選択は、求人状況にも大きく左右されるでしょうが、個人の心性や性格にも大きく左右されると思います。公的機関や大組織の権威を重視する保守的な考えの人は、自然にそういう選択をしていると思います。実際に、誰もが知っているような企業が、安心感を与えてくれることは言うまでもありません。

逆に、未知の可能性に希望を見出すタイプの人は、大企業へのこだわりは小さいでしょう。

「来年のことを言えば鬼が笑う」「一寸先は闇」ということわざ通り、将来のことは誰にもわからないわけです。むしろ**「将来もこの会社なら安泰」と思考停止に陥ることが、いちばん危険なことかもしれません**。将来の不安とともに緊張感を持ち続ければ、時代の流れに完全に取り残されることは防げるのではないでしょうか。

第3章まとめ

マスコミや書籍が作り上げた会社へのイメージはいったん捨てる

人間関係の問題での転職はやめる

相手が抱いている感情＝自分が抱いている感情として、見つめ直す

常に「過剰コンプライアンス」の矛盾を認識しておく

「まあ、なんとかなる」「なるようになる」と楽天的に考えるクセをつける

絶対に安定している業界はない。社会の変化の可能性について、自分なりの仮説を立てる

第4章

仕事がうまくいく
人間関係のつくり方

20　苦手な上司のツボを押さえる

「もう課長の顔なんて見るのもゴメンだ」

「やっぱり部長は苦手だな」

組織に勤めるからには、自分より地位・経験ともに上の「上司」とのつきあいは、避けては通れません。上司との関係次第で、仕事が面白くもなれば考えるのもイヤになることもあります。

「苦手な上司」と、定番フレーズのように表現されますが、ではなぜ上司は「苦手」になりやすいのでしょうか。「厳しい」「怒りっぽい」「怖い」という印象論ではなく、「敵を知る」という原則に戻ると、解決法が見えてきます。

孫子の兵法ではないですが、まず上司をよく知ることです。単に「苦手」と思っているだけでは、いつまで経ってもつらい上下関係を引っ張ってしまうだけです。

一般的に「苦手な上司」といえば、厳しい、ホメてくれないといった場合がほとんどでしょう。優しい上司を苦手と感じることは、まずないでしょうから。問題はどうして厳しいのか、注意ばかりするのか、否定から入るのか、これを考えてみる必要があります。

厳しい上司は、非常にザックリとですが二つのタイプに分けられるのではないかと思います。**一つは、向上意欲が強く、より高いレベルを求める仕事人間タイプ。もう一つは、自分のこだわりや好みに反した行為には厳しい、こだわりタイプ。**

前者の仕事人間タイプは、厳しいですがチームワークも考えていることが少なくないと思います。部下の能力や特性を活かしていかないと、クオリティの高い仕事や自分の出世に結びつかないことは、こういうタイプならば理解しているはずです。

こういうタイプは、基本的に親分肌です。したがっていちばん適切なスタンスは、自分が味方である、質の高い仕事をいっしょにしたいという態度を示すことです。いちばんしてはならないのは、裏切りやウソ、隠し事などの背信行為です。

ミスをした、期待に添えなかったとしても、

「申し訳ありません。次からこうならないように、対策を講じます」

など、あくまでミスを認めつつも、上司と共同で仕事をしていくという態度を示すことです。当然ながら要求水準も高いですが、チームの一員として認められればいざというと

きに力強い味方になってくれます。

むしろ、こだわりタイプのほうが厄介でしょう。書類のフォーマットや日付を入れたかどうかなど、重箱の隅をつつくような細かいことにうるさい上司は、いないでしょうか。あるいは、自分が気に入らないというだけで、イライラしたり怒鳴ったり。非常に重要な仕事の案件でカリカリしているのならばまだ共感できますが、些細なことでのイライラは、かえってこちらが不愉快になってきてしまいます。

このようなあまり尊敬できない上司については、彼・彼女のこだわりのポイントを押さえるのがいちばんです。締切にうるさければ質より締切、服装にうるさいならば身なりを整える、など上司のツボとなるポイントを知ることです。

ただ、いずれの「苦手な」タイプの上司も、部長ならば社長や重役レベルからの、さらに上のレベルからの精神的プレッシャーによってストレスがたまっている場合が多いものです。いわば「中間管理職」であるわけで、あなたが「苦手」に思う上司も、精神的には楽ではないことを再認識しておくことが必要でしょう。

上司の期待に応える、あるいはツボを押さえることは、仕事上での「苦手な上司」に対する処方箋となります。苦手な上司がいる人は、早速分析してみましょう。

21 あまりにも不条理な命令はスルーする

「こんなノルマ、できるわけないじゃないか」

「課長ったら、前に言っていたこととまるで逆じゃない！」

「苦手な上司」を通り越して、常識では考えられない不条理を押しつけてくる上司に仕えなければならないことも、長い人生ありうるかもしれません。

誰が試みても実現できない、客観的にも達成が難しい命令をする上司もいるかもしれません。しかし、そういう無謀なノルマを要求してくる上司は、その人自身ではどうしようもできない、会社組織の厳しい方針に縛られているだけかもしれません。

できないものを部下に要請するのは、マネジメント能力の欠如を意味しています。マネジメント能力がないわけですから、いずれはその上司は本流から消えていく運命でしょう。

むしろ指示や命令がコロコロ変わる、態度がクルクル変わる。これが職場によくいる「不条理な」上司の典型でしょう。これをやれと指示し、今度は正反対のあれをやれと言う。部下に対する感情や態度も一定せず、予報が難しいお天気に似ている、といったところでしょうか。考えや感情、態度や行動が一貫性を欠いている上司は、仕えていても虚しく、こころが折れそうになる代表格です。

コロコロ・クルクル変わるという欠点も、プラスに見れば「臨機応変」と言えます。こういった上司を擁護するわけではないですが、スピードを要求される現代では「ブレない」ことに執着していてはついていけないのかもしれません。

こういった一貫性を欠く不安定な上司には、二つのパターンがあるように思えます。一つ目は、よく考えもせずに、そのときの状況に条件反射のような反応をしているパターン。言動はそのときの気分次第であって、当然ですが予測が困難です。

もう一つのパターンは、前の指示を単に忘れてしまっている健忘症です。「えっ、オレそんなこと言ったっけ?」と本人に悪気はないのですが、指示を仰ぐ部下からすれば、たまったものではありません。

不幸にもこういった上司の下で働かなければならなくなったときは、まず**自分の中の「理想の上司像」「上司はこうあるべき」といった偶像を捨てることです**。科学者のように上司の発言内容を疑うことが、求められます。具体的には、途中途中でチェックを小まめに受けておく基本作業を重ねることで、100％仕上がってから「もう一度やり直して」と指示されて絶望する悲劇を免れることができます。

ただ、あまりに理不尽な注文を付けてくる、あるいはコロコロ・クルクルも常識を超えるような酷い上司に対しては、よく言われる言葉ですが距離を取る、最悪の場合は「相手にしない」という消極的強硬策も候補に挙がってきます。自分より地位が上であるという事実を変えることはできません。あえて負け戦を仕掛けるよりは、相手にしない、適当にやり過ごすというスルー・テクニックは欠かせません。

スルーするには、どういう心構えで臨むのがいいのでしょうか。相手に期待しないなど過度の期待を捨てるという心理作業も役立ちます。ただ、あまりに酷い上司にあたった場合は、「働いていても意味がない」「あの上司さえいなければ」などと絶望の淵に沈むこともあるでしょう。

絶望を取り払うのは、希望しかありません。権力を持つ上司を、自分の力で人格改造することは不可能です。転職を安易にすすめるわけではありませんが、転職などを含めた将来と挑戦をイメージすることは、耐久力を養う重要な方法です。

第2章の「『野望』だけでなく、小さな希望も大切にする」の項目で引用したヴィクトール・フランクルに、もう一度登場してもらいましょう。彼は『夜と霧』の中で、こう述べています。

「精神医学では、いわゆる恩赦妄想という病像が知られている。死刑を宣告された者が処刑の直前に、土壇場で自分は恩赦されるのだ、と空想しはじめるのだ。それと同じで、わたしたちも希望にしがみつき、最後の瞬間まで、事態はそんなに悪くないだろうと信じた。」

空想だろうが妄想だろうが構いません。「希望」を持とうとする意志と努力が、いちばん大切だということをフランクルは主張したかったのだとわたしは解釈しています。

「今の苦境を耐えれば、自分が一回り成長できる」と辛抱のベクトルでも良し、「転職して新たな可能性を模索しよう」という挑戦のベクトルでもいいと思います。将来の可能性をイメージすることは、苦境を耐えしのぐエネルギーであることに違いはありません。

22 ダメ出しばかりの上司には反論しない

・汗をかいてアップさせた営業成績
・自分の時間を犠牲にして作ったプレゼン資料
・考えに考えて編み出したアイデア

努力して得られた結果に対しては、質の評価よりもまず率直に「ホメて」ほしいのが人情です。ただ、日本の職場においては、残念ながら否定から入るケースが少なくありません。

「オレの若いころに比べればまだまだだ」
「そんなプレゼンで満足していたら三流だ」
「自分では完璧のつもりだろうが、ここを指摘されたらどうするんだ」

全部とは言いませんが、体罰をも容認する旧態依然とした一部の「体育会系」上司に、この傾向が見られるように思います。

そのような上司の特徴を、もう少し考察してみましょう。いちばんイメージしやすいのは、アスリートに見られるような「自分に厳しい」ことです。自分との闘い、自分をいじめるといった表現がスポーツ報道でよく用いられますが、自分に対しての厳しさが、そのまま他人にも適用されます。完璧主義のため、結果的に欠点指摘＝「ダメ出し」が中心になってしまいます。

しかし、優れたリーダーは「ダメ出し」ばかりではありません。トップアスリートとしては頂点を極めた人が、指導者としては成功しない事例があるのも頷けることです。

ただ「ダメ出し」上司のもう一つのパターンとしては、小心で自分が傷つきたくないというケースがあります。失敗を恐れるあまりいつも問題点を目を皿のようにして探っている、より優れた提案ができないかと心がけている、など慎重かつ小心な心構えの表れが、「でも」「それは違う」といった、否定から入るクセなのかもしれません。

アスリートタイプも慎重小心タイプも、対処法にそれほど違いはありません。否定から入る人は、自分に厳しかろうが慎重であろうが、指導者としては劣っていると考えましょう。ボヤきで有名な名野球監督など別格の存在を除いては、**有能な指導者は「ホメて」モチベーションを高めていくのが上手な人です。**

否定から入る上司は、リーダーとしては劣っている。と、上から目線にあえて立ってみれば、それほど腹も立たなくなるのではないでしょうか。ネガティブな指摘ばかりの上司に対して、「でも」「しかし」といった否定で返すのでは、その上司と同列になってしまいます。

器の大きいあなたならば、大人の対応で「そうですね」「たしかに」など、肯定的フレーズで突き進んでいけばいいのです。

「でも、わたしなりに検討した結果なんです」

ではなく、

「そうですね、さらに考えを練ってみます」

と、相手のネガティブをも謙虚に肯定してしまえばいいのです。

当たり前の話ですが、否定は相手の感情を逆なでしてしまい、その後の印象やコミュニケーションに大きなダメージを与えます。否定しないという単純なコツは、カウンセリングや精神療法だけでなく、コミュニケーションの基本です。基本ができていない人に惑わされるのも、考えてみればバカバカしいことです。

23 デキる人は後輩への尊敬を忘れない

人間社会では、比較からは逃れられません。人種のるつぼと言われるアメリカには、多様性を受容しやすい文化がその背景にあります。人種・性別の違いはあっても、優れている者には、賞賛を惜しみません。

しかし、ほぼ日本人だけで構成される社会において、しかも平等意識が強い日本社会では、**自分との比較によって優れている者に対する「嫉妬心」がどうしても芽生えてきます。**

先輩や上司が自分よりも有能なのは、受け入れやすい事実です。しかし、同期やまして後輩のほうが有能かもしれないという現実に、いずれは直面するかもしれません。

医学部でも、適齢期の先輩を飛び越して、若くして教授に就任する有能な人材がいるのは事実です。あるいは、医療経営で成功している若手の医者もいます。当然ですが、医療業界に限ったことではないでしょう。

年齢や入社がほとんど同じ同期の場合は、良きライバルになりえます。たとえ自分が劣っていたとしても、劣等感や嫉妬心は、さらなる頑張りへのエネルギーに変換できるものでしょう。

問題は、自分よりも有能な後輩が出現してきた場合です。同じ年次のころの自分と比較ができてしまうので、

「自分の入社○年目のころと比べても、あいつはデキる」

と、かえって嫉妬や落ち込みを経験してしまうことが多いのではないでしょうか。

しかし、各年代で優秀な人間が一定の割合で出現するとすれば、デキのいい後輩に追い抜かれることは、仕方のないことです。官庁などピラミッド型構造の組織では、トップになれるのはたった一人です。ほかの上の人たちは、天下りではないですがどこかに異動しなければ、先細りのピラミッド型組織は維持できません。

優秀でデキる若手、後輩がいれば、それはあなたにとっても組織にとっても、感謝すべきことです。**嫉妬心を、いかに尊敬や敬意に変えることができるかが、「良き先輩」になれるかどうかの分かれ目です。**年下の後輩だからこそ敬意を払った態度で接していれば、優秀な後輩ならば先輩にリスペクトを返してくるに違いありません。

頼りなかった後輩が成長して、自分を脅かし超えていくのは、先輩にとって避けては通

れない道です。多少嫉妬してしまうのは、やむをえない心理なのかもしれません。

しかし、他人との比較は、結果的にはいいことがありません。つまるところ優秀な後輩に対しては、尊敬のまなざしを持って臨むのが、尊敬しうる先輩のやり方だと思います。見返りを求めるわけではないですが、後輩はあなたに対して礼を失することは、まずしないはずです。

後輩をリスペクトするエピソードとして、サッカーのキングカズ、三浦知良選手の逸話を紹介しておきましょう。セリエAのインテルの長友佑都選手が、三浦選手のメールにいたく感銘しているという内容です。具体的には、

「後輩の僕にもリスペクトする気持ちが伝わってくる。メールでも敬語なんです」

先輩を追い抜こうとしている、あるいは追い抜いた後輩は、ちゃんと先輩を立ててくれるものです。嫉妬ではなく尊敬を持って後輩を扱うことは、お互いの成長にとってプラスに働くのです。仕事だけでなく、人間の大きさという意味においても、です。

24

言うことを聞かない部下こそホメる

100人部下がいれば、100通りの人格・キャラというものがあるでしょう。上司に従順な部下もいれば、中には自己主張の強い、あるいは遠慮せずに自分の考えをズバッと言う部下もいるでしょう。

自分の主張があるだけでは、「生意気」とは呼べません。こちらの言うことを聞かない、思い通りにならない不従順が、「生意気」のいちばん適切な定義なのかもしれません。たとえば、

「今は忙しくて取りかかれません」

「今までこのやり方で大丈夫でしたから、何の問題もないはずです」

「それはわたしの仕事ではありません。押しつけは困ります」

などと、上司の指示を拒絶している言い方です。かりに正論であったとしても、こう言われて気持ちいいはずがありません。まして、自分には逆らっていても別の上司には従順

であったりしたら、怒り心頭でしょう。
彼・彼女らをコントロールする名案を考える前に、基本に返って生意気な部下の分析から始めましょう。「生意気な部下」「生意気な後輩」は、単に自己中心的な、プライドが高いだけの人物なのでしょうか。
生意気の定義を辞書で調べると、
「自分の年齢や能力を考えず、出すぎた言動をすること」(デジタル大辞泉)
「年齢・経歴・能力にふさわしくないようなことを得意げに言ったりしたりすること」(大辞林第三版)
身の程知らずという意味が、定義には込められています。逆に自分の未熟さが認識できれば、生意気で天狗になった高い鼻が少しは低くなるということでもあります。**未熟さを認識させる気長ですが最良の作戦は、生意気を受容して育てていくこと**です。
生意気な人間のプライドが高いのは事実です。しかし、誰に対してもわがままに振る舞っているわけではないように思います。自分が認めて尊敬している人に対しては、素直で従順に頑張る場合が少なくない、という感触を個人的に持っています。生意気＝持論・信念があるという解釈も、成り立つのではないでしょうか。

わたしは、むしろ鼻っ柱が強く生意気なくらいのほうが、扱いは大変ですが大成するように感じています。そういった人材には、時間がかかっても、努力や考え方をなるべくプラスに評価して「ホメて」育てていく方針を優先します。多少の勇み足は、上司がカバーしてあげるくらいの度量の広さが必要かもしれません。

生意気な部下は、味方に付ければ大きな戦力になります。かつ、じっくり育てていけば、上司・部下を超えた人間関係を築くことができるかもしれません。それだけ、「打てば響く」という、教えがいのあるタイプとも言えるのです。

場合によっては、無二の忠臣ではないですが、あなたのために必死に働いてくれる忠実な部下となってくれるかもしれないのです。

「生意気」は、同義語の「利己的」「身勝手」「反抗的」などと似ているようですが、ポジティブな要素を含んでいる言葉だと思います。ポジティブな部分を引き出せるかどうか、これは上司が度量の広い指導をできるかどうかにかかっているのかもしれません。

25 仕事のデキない後輩の巻き添えを食っているとき

仕事がまったくデキない、覚えるのが遅いメンバーが職場に入ったときの影響は、小さくないでしょう。デキない上司・同僚・後輩の分の仕事負荷が増えて、巻き添えを食らっている人も一定数いると思います。特に業務に関して未熟な後輩・新人の指導は、経験者の義務に近いものがあります。

覚えの悪い人もいれば、飲み込みの速い人もいるでしょう。学習速度に個人差があるのは、教育に携わっていても明らかです。仕事を覚えるのが遅い後輩や部下とつきあうのは、当たり前ですが忍耐力が要求されます。

仕事がデキない上司や同僚ならば、「巻き添え」という言葉を使うのも仕方ないことかもしれません。しかし、これから成長の伸びしろのある後輩・若手に対しては、「巻き添え」という言葉は適切ではないのかもしれません。

連合艦隊司令長官・山本五十六の名言、「やってみせて、言って聞かせて、やらせてみて、ほめてやらねば人は動かじ。話し合い、耳を傾け、承認し、任せてやらねば、人は育たず。やっている、姿を感謝で見守って、信頼せねば、人は実らず。」は、教育指導でしばしば引用される言葉ですが、まさに指導者が「巻き添えを食っている」現場を描写しています。

実際にやって、**ミスをしてプライドを傷つけられる不愉快な経験が、人間の成長には必要です**。人間の記憶は、残念ながら幸福な記憶は定着しづらく、恐怖に満ちた不快な記憶は後に至るまで残りやすいという性質があります。危険から身を守るためのメカニズムなのでしょうが、間違える経験は成長のためには欠かせないのです。

したがって、失敗から学ぶことが成長の糧になることを伝えることが、上司の役目でもあるのです。生来の地頭の良さや、たまたまうまくいった結果をホメるのは、間違いを修正する能力＝自己成長を育てることにはならず、むしろ頑固で誤りを認めない人間に育ててしまう危険性を孕んでいます。

若い人を教えて育てるという作業は、教える側にとってみれば巻き添えを食らっている部分が大きいものです。ただ他人を教えることは、いちばんの学びであることも事実です。

巻き添えとは考えず、**教育と指導に貢献していると考え直すのが、精神衛生上も健康的です。**

「部下のためにこんなことするなんて、僕はいい上司かもしれないなぁ」

「こんな面倒なことをこなすなんて、課長らしくなったなぁ」

と、自分をホメながらでいいのです。デキない部下であっても、上司の後ろ姿は見ているものです。あなたが彼・彼女にとっての社会人としての目標や見本になっていくことは間違いありません。

ただ、上司のカバーにまったく気がつかない鈍感な部下もいるでしょう。そういう人にミスを教え、次回以降ミスを繰り返さないよう指導するのも大切な「巻き添え」です。逆に上司がひと肌脱ぎまくって、部下がミスに気がつかないのは、部下をスポイルするも同然です。

面白いのは、無能で仕事がデキないと思っていた若い人が、数年で見違えるようにたくましくなることがあることです。自分が教えたことが実を結んだ達成感、無能からデキる人へ成長したサプライズは、巻き添えを食らった苦労を瞬時にして一掃してくれることでしょう。

第4章まとめ

イヤな上司は「仕事人間タイプ」「こだわりタイプ」に分けて対応する

あまりにも非常識な注文をする上司とは、距離を取る。最悪の場合相手にしない

ダメ出しが多い上司に対しては、「そうですね」「たしかに」など、肯定的フレーズを使う

年下の後輩には敬意を払った態度で接する

「生意気な後輩」は、味方になれば大きな戦力になる

「自分はなんていい先輩なんだ」などと自分をホメながら後輩に教える

第5章

心が折れない人は、自信の持ち方を知っている

26 とんでもない「野心」を持ってみる

「自分探し」という言葉は、現在でも流行しているのでしょうか。2008年に速水健朗氏が出版した『自分探しが止まらない』（ソフトバンク新書）では、ポジティブシンキングに毒され自己啓発書に依存する若者像が描かれています。現在でも、大きな情勢の変化はないのかもしれません。

「自分探し」をしていると思われる実例としては、

・「やりたいことが見つからない」と悩む学生
・「自分に向いたほかのものがあるはず」「こんな仕事は自分のやることではない」と身が入らない社会人
・資格をあれこれ取りまくっている人
・一貫性のない転職を繰り返している人
・海外を彷徨《さまよ》っている悩める自由人

といったところでしょうか。

活動的な経営者などビジネスパーソンにとって、このような現実逃避ばかりしている人間は最も嫌いなタイプでしょう。「今取り組んでいる仕事に意味を見出すべき」「デキる人はつまらないことからでも学んでいく」という実践論が、彼らの主張です。

さらに厳しく言うならば、「自分探し」などは自分がやるべきことから逃避するための言い訳であって、それをさも哲学的に美化するのはけしからんというのが、本音ではないでしょうか。

ただ、悩める若者を見ているわたしのような立場からは、「自分探し」を全否定するつもりはありません。心理学的に**「自分探し」のルーツは、「モラトリアム」にある**と言っていいでしょう。

心理学者エリク・H・エリクソンが提唱した「モラトリアム」とは、青年が社会で一定の役割を引き受けるようになるまでの猶予期間のことを意味します。日本では、精神科医小此木啓吾氏によるモラトリアム人間論によって広く知られるようになりました。その背景については、経済成長によってモラトリアムが許されるようになってしまったこと、社会参加という困難からの回避など、いろいろな考察が可能です。

日々食べていくのが精一杯な時代とは違い、経済及び文化の成熟に従って「本来の自分」「理想の自分」といった哲学的概念が優勢になってくるのは、時代の必然的な流れでしょう。この「理想の自分」と「現実の自分」とのギャップに悩む構図が、「自分探し」の苦しさでしょう。

「self-discrepancy」という心理学用語があります。自分の中に眠る可能性と、自分自身のふがいなさのギャップをなんとか埋めようとする人間の心理を意味します。このギャップが大きくなるほど、苦悩や自己嫌悪が強くなっていくのは、当然のことでしょう。現代の「理想の自分」は、人によっては、上限のない青天井に似ているものかもしれません。だとすれば、ギャップは大きくなるばかりです。

「何に向いているのかわからない」

という疑問に対する苦悩が強いほど、このギャップが大きい可能性が考えられます。

現実的には、ギャップを埋めるためには「今の仕事に意味を見つけろ！」といった、今いる状態を受け入れるという対応が中心だったと思われます。

しかしわたしは、**自分探し自体が自己を形成・成長させるポジティブな一面も持っているる**と考えています。「理想の自己」からのギャップの大きさは、自己を批判的に見つめることができている表れと考えることも可能です。回避だけではなく、自己向上・成熟の機能も果たしている可能性も十分あると思うのです。

さらに、「理想の自己」などという内向きのものよりも、端的に「野心」のようなものを持つほうが、このギャップをポジティブに捉えていくことに役立つのではないか、こうわたしは考えています。密かに抱く分不相応な「野心」といえば、欲望むき出しの、道徳・倫理的に望ましくない内容かもしれません。ただ、**「野心」には、人間の本能をつかさどるとも言える大脳辺縁系を刺激する、動物的な向上意欲が含まれています。**「自分に向いているものがわからない」と哲学的に悩むよりも、苦悩を吹き飛ばすパワーがあるように思えるのは、わたしだけでしょうか。

「お金を儲けたい」

「有名になりたい」

「美しい異性とつきあいたい」

といった俗なものでいいと思うのです。かく言うわたしも、そのようなフジュンな「野心」を、少しは持っているのですから。

ここまで来れば紹介するまでもないでしょうが、林真理子氏『野心のすすめ』（講談社現代新書）の一読は、「self-discrepancy」をポジティブに機能させていく上で、大いに役立つのではないかと思います。

27 人生や仕事をゲーム感覚で遊ぶ

人間はいつも「意欲」や「野心」をキープできるものではありません。

「つまらないなぁ」

「こんなことやったって、意味ねーじゃん」

はっきり口には出さないまでも、このように嘆いてしまいたい、溜息をつきたいときも少なくないのではないでしょうか。

自分の仕事に価値や意味を見出せない人は、それこそ大勢いるでしょう。「自分にはまったく関係のないことを、一生懸命やらされてバカバカしい」「自分にとって無意味な、価値のないことをやらされている」と悩んでいる若い人も多いと思います。

現代では、若い人だけに限ったことではないのかもしれません。中堅どころや果ては管理職まで、「つまらない」「意味がない」と思っている人が増えてきているような気がしてなりません。

うつ病の患者さんで、大手企業の取締役レベルの人がいました。傍目《はため》には地位も収入も安泰で悩みなどなさそうな人が、「会社経営なんて、結局のところ意味がない」「人生、もっとやるべき楽しいことがあった」と嘆くのです。うつ病の症状が落ち着いて比較的冷静に考えられるようになった状態でも、「もっと家族といっしょに過ごす時間を取るべきだった」と語るので、こちらも神妙に話を聞くしかありません。

「やはり仕事は大切」など、**自分のアイデンティティの大きな部分を仕事が占めているならば、「つまらない」「意味がない」は黄色信号です**。「働く意味がない、働く価値がない」が深刻化し、「生きている意味がない、生きている価値がない」と思うまでに進展しかねないからです。

仕事だけでなく、家族や友人とのつきあいなど、すべてのことに対して「つまらない」と思うようになってしまえば、「アンヘドニア」という抑うつ症状の一つに類似してきます。「アンヘドニア」は、「感情消失」と訳されます。喜怒哀楽の感情がなくなってしまうことです。喜びや楽しみが感じられなくなることは理解できますが、悲しみや苦しみも感じなくなってしまうことが、人間にはありうるのです。

感情のガス欠とも言える「アンヘドニア」にならないためには、「つまらない」「意味がない」に対して、どのような対処法を取っていけばいいのでしょうか。

「つまらないものとして受け入れる」

「面白く感じられるように視点を変える」

「自分の成長と無理矢理こじつける」

数多くのビジネス書が取り組んでいるテーマですので、「なんだ、そんなことか」「どこかで読んだよ」など、目新しい答えはないように思えてきます。

この悩みに対する回答のヒントとして、pha氏が著した『ニートの歩き方』（技術評論社）の中に、「人生は初期設定によって難易度がイージーかベリーハードかが違いすぎるクソゲーなんじゃないの」という記載があります。個人によって解釈は異なるでしょうが、人生あるいは仕事をある程度諦めつつも、ゲーム同様に捉えるほうが精神衛生上は悪くないのかもしれません。

「アイテムを揃えて力を付けていく」

「失敗しても命まで奪われることはない」

深刻に考えて感情消失に至るくらいならば、これくらい軽快に考えて、「つまらない」「意味がない」思考を抑止したほうがいいかもしれません。

「野心」に通じますが、**「遊び」というのも人間に本来備わっている動物的エネルギーに通じる感覚があります**。勝つ喜びと報酬、負ける悔しさと罰には、感情や報酬など大脳皮質や大脳辺縁系を巻き込んだ、ダイナミックな脳活動を引き起こす可能性が十分にあります。感情を失うよりは、湧き上がらせていくことが大切なのではないでしょうか。

28 小さな失敗でヘコんでしまうとき

「こんなミスするなんて、どうかしているぞ」

と、上司に叱責されたとき。あるいは、

「契約取れなかったのは、僕のプレゼンが原因だな」

と、自らの失敗を認めざるをえないとき。

失敗で「ヘコんで」いる場合には、「つまらない」「意味がない」という哲学的な悩みの場合よりも、前に進む解決法が揃っています。なぜならば、「ヘコむ」というのは、一時的な心理現象だからです。「跳ね返す」心理作業のコツを身に付ければ、恐れるに足りません。七つの実践的コツを、ご紹介しましょう。

Ⅰ　過度の完璧主義に陥らない

「100%じゃないと気が済まない」という考え方では、1%のミスでも「ヘコんで」しまいます。程度をぐっと下げて「70％か80％でいいや」と思うと、1％のミスぐらいでは「ヘコまなく」なります。そのくらいアバウトなほうが、より強靭な「跳ね返す力」を養えて、「ヘコんでばかり」のネガティブ思考が染みついた完璧主義者よりも、成功します。

逆に、失敗したとしても、「1％ぐらいはうまくいったところもあったな」というぐらい厚かましく考えるのが、「跳ね返す力」を発揮するコツでしょう。

2 「すべて自分のせい」と考えない

一生懸命やってもなかなか結果が出ないときや、頑張ったのに失敗してしまうときだって、長い人生で必ず遭遇します。100％すべてを自分のせいにしていたら、自分が持たなくなってしまいます。

自分を「ヘコませ」がちというよりも、自らを責めがちな人は、自分の結果責任だけを考えてしまうと、袋小路に入り込んでしまい、「跳ね返す」エネルギーが失われます。自分以外にもうまくいかなかった原因が少しはあるはずだと、気楽に考えるほうがいいでしょう。なにより、次の失敗を防止する反省の意義があるこの思考法、失敗を恐れて萎縮することを予防する効果があります。

3　過去の「最悪の事態」を思い出してみる

過去の「最悪の事態」を思い出してみることも、「ヘコまない」「ヘコみを跳ね返す」思考法の一つです。

克服できた「最悪の事態」は、言い換えれば「あんな苦しいときでも、なんとかやり通すことができた」という自信回復のための記憶でもあるのです。

一般的なものとしては、学生時代の部活動の苦しい経験などが挙げられるでしょう。特にラグビーなどの激しいスポーツを経験した人は、この思考法があるために、仕事においても馬力があるのかもしれません。部活動でなくても、仕事やプライベートで「あのときはよくやり過ごせた」という経験を、お守りのように確認しておくのがいいと思います。

4　自分を励ます「定番フレーズ」「定番ミュージック」を持つ

座右の銘といった、大げさなものである必要はありません。「ヘコんだ」ときに自分を励ましてくれる、お決まりの「定番フレーズ」、あるいは「定番ミュージック」を持つということは、案外バカにできません。みなさんも、失恋して思い切り「ヘコんでいた」ときに、繰り返し聞いていた曲はなかったでしょうか？

自分の気に入った、こころに残る歌詞の一節、それでまったく構わないのです。小難しい格言よりは、自分だけの気持ちに響く言葉のほうが、よほど実際的です。

5　他人はしょせん無関心だと知る

他人は、あなたが「ヘコむ」ほどには、あなたばかりには関心を向けていません。実際にあなたは、ヘコんでいる他人に何日間も同情しているでしょうか。他人にキツく言われて「ヘコんだ」としても、「明日どころかその日の夜には相手も忘れている」くらいに思いましょう。

たとえ長期間にわたって尾を引くような失敗をしでかしたとしても、心的外傷後ストレス障害（ＰＴＳＤ）で見られるトラウマ記憶でもない限りは、人の記憶は健忘傾向がありどんどん薄れていくという性質は変わりません。「人間の脳は忘れる能力を持つ」ということを、ヘコんでいるときこそ再確認しましょう。

6　とにかく運動する

イヤな出来事があって「ヘコんだ」ときには、運動することで満足感が高まります。アメリカ・ペンシルベニア州立大学のグループらが2012年に発表した論文で、運動によって「ヘコみ」から回復できるということが示されたのです。

この研究では、普段行っている運動量よりも少しだけ多めに運動すると、その日の満足感が著しく向上することが示されました。失敗して「ヘコんだ」日は、ジムにでも行って一汗流すのが、わたしたちにはいちばんの薬のようです。

7 さっさと寝てしまう

カリフォルニア大学バークレー校のグループが2011年に「カレント・バイオロジー」誌に発表した論文によると、「夢を見る睡眠」であるレム睡眠の間に、不快な感情的記憶が和らぐ働きがあることが示されました。また、脳機能画像によって、恐怖や不愉快な感情の源である脳の扁桃体の活動が、睡眠によって大きく低下することもわかりました。

「イヤなこと」「ヘコむこと」は寝て忘れるという科学的根拠は、この論文だけでなくほかにも数多く発表されています。睡眠に、からだだけでなく「ヘコんだ」こころも回復させるヒーリング効果があるのは間違いなさそうです。

「ヘコみ」を「跳ね返す」七つのテクニックをご紹介してきました。失敗は人生で避けられません。最後に、ノーベル生理学・医学賞を受賞された山中伸弥・京都大学教授の名言を、ご紹介しておきましょう。

「1回成功するために、9回ぐらい失敗しないと幸運は来ない。若いみなさんには、いっぱい失敗してほしい」

「ジャンプしようと思ったら一度屈《かが》まないと跳べない。失敗を恐れず、思い切り屈んで」

山中教授も、ジョギングを楽しまれていることで有名ですね。からだを動かしてぐっすり眠るのが、いちばんの「ヘコみ対策」として個人的にはおすすめです。

29 10年後、20年後の自分を想像してみる

「3年先は自分は何をしているんだろう」
「同期のあいつは、転職したのかぁ」
「この会社、3年後どうなっているんだろうな」

忙しい毎日の中で時間のあいたときに、ふと脳裏をよぎる不安の一つに、自分自身の「キャリア」というものがあります。もはや言うまでもないでしょうが、終身雇用制の崩壊で「入社した会社に一生奉公する」という人の比率は、大きく低下しているでしょう。

かといって、転職を繰り返すキャリアがいいというわけでもないでしょう。起業して独立という道もあるでしょうし、配偶者の転勤や家族の介護、子どもの教育問題などを最優先するキャリアスタイルもあるでしょう。抽象的ですが、流動化・多様化している事実は、厳然としてあると思います。

エリートと目される業種も、流動化は必然の流れです。高級官僚はその待遇の悪さから、

海外留学後にやめてしまう腰掛け化が進んでいるといいます。堅実と言われていた弁護士や公認会計士も、仕事がなくプア・エリートだの高学歴ワーキングプアなどと言われる有様です。

医者でも、大学教授や大病院の院長になるのが「勝ち組」路線と言われてきましたが、最近はそうでもなくなってきています。

家族と過ごす時間を大切にする視点からすれば、平日も週末も業務に忙殺されるこういった職務は、まったくメリットがありません。クリニックを開業して上手に経営したほうが、収入面でも有利でしょう。

親が自分の子どもをいちばん進学させたいのは東大や京大ではなく医学部であるらしい今日ですが、医者もこれからどうなるかはもちろん流動的で不透明です。どの業種も、油断してはいられなくなってきているのです。

人によってキャリアのゴールは、これからの時代も多様化する方向に進んでいくでしょう。自分自身どういうライフスタイルが合っているかを、見直す必要があります。**やりがい中心か、収入中心か、家族中心か……すべての要素を達成しようというのは、やや欲張りというものでしょう。**

もう一つは、65歳でリタイアできない時代が到来するということを考えなければならないという現実です。年金受給年齢が上昇することは必至ですが、そもそも公的年金が保障されているかどうかも危ない国の財政です。

「今のまま70歳まで働き続けるって、できるの？」

と聞かれれば、ほとんどの人は「無理です」と回答するでしょう。

自分の家庭や健康状態などの変化に応じて、働き方も変えていく順応力が、これからは求められていくことになると思います。

配偶者も仕事を持つ人の比率が、いっそう増えていくでしょう。医者同士の夫婦では、よく別居が見られます。関係が悪くて別居しているわけではなく、お互いの仕事の都合で別居になっているだけです。ただ、中には夫婦どちらかの仕事を優先して、同居を選択している家庭もあります。

20～30代は、目の前の仕事をこなして、自分をなんとか一人前にすることで手一杯でしょう。女性ならば、結婚や出産に直面する年代でもあります。

医学の進歩によって寿命が延びている現代社会では、**多忙な30代を終える前後あたりで、自分を見つめ直す機会があっていい**と思います。「死ぬまでこの調子で働くことができるのか」という質問に、回避せずに向き合っていかなければならないと思うのです。「不惑」とは、40歳にして惑わずという意味です。しかし平均寿命の延びた現代社会では、100%通用するとは思えません。40代で大いに惑う必要も、生じてきているのではないでしょうか。

となると、今20代、30代で「キャリアデザイン」を悩んでいる人が取るべき行動は何でしょうか。40歳から惑ったとしても、長続きする仕事のいろいろな基礎実力を付けておくことでしょう。資格を取るといった、単純な行動ではありません。人脈や業績、そして将来への投資……。

と書くと、抽象的になってしまいます。まずは、40代前半で自分がどうなっていたいかを、イメージすることから始めましょう。いちばん**現実的なのは、身近で「こうなりたい」という人を見つけて、マネすること**です。身近にいなければ、本やテレビなどで見る理想像でも構いません。

マラソンも、折り返し地点を一つの目安にします。人生での折り返し地点を40歳あたりとすれば、30代あたりではどのようなことを心がけるのか、そして折り返し地点のあとにどうペース配分をするかを、考えなければなりません。しかし重要なのは、競技マラソンのように優勝する必要や完走する必要はまったくないことです。リタイアしたとしても、その人なりに満足できるランをすればいいのではないか、そうわたしは考えるのです。

30 紙に書き出すと「不安」や「恐怖」は緩和する

なんだかモヤモヤしているのだが、

「何に対して不安なのかも、わからない」

という場合は、どういう心理が考えられるのでしょうか。

「不安」と「恐怖」は、専門的には区別して使用されます。「不安」は特定の対象がない、「なんとなく」という特徴を持っています。一方で「恐怖」は、具体的に恐れる対象が存在します。高所恐怖や閉所恐怖などが有名です。

動悸や過呼吸、異常な発汗などからだの症状として現れてしまう場合は、病的な不安として扱うべきです。ただ、ここで扱う不安は、「モヤモヤする」「スッキリしない」「落ち着かない」というレベルを想定して、話を進めていきます。

「不安」には対象がないと書きましたが、「モヤモヤ」「スッキリしない」の奥底には、何らかの不安対象が潜んでいる場合が少なくありません。無意識のうちに自分で抑圧してしまっているため、自分でも何に不安なのかがはっきりわからないのです。

何に不安か今ひとつはっきりしない人は、たまにで構わないので今自分が不安に感じていることを、白紙に書き出してみることをおすすめします。たとえば、白紙を3分割して「仕事」「家庭」「自分」に分けて、それぞれ五つずつ懸案事項を書き出してみます。

自分の問題を書いて目に見えるようにするのは、実はつらい作業です。回避したい問題に強制的に向かわせることを「直面化」と言いますが、紙に書くという作業は簡単な「直面化」を強いていることになるわけです。

わたしの場合の一部を紹介すると、「老いた両親の今後」「勤務医を続けるかどうか」などです。もっと深い問題も抱えているのですが、公にするのはご容赦ください。

リストアップしただけで問題が解決するわけではありませんが、「理由がわからない不安」を緩和する作用は、あると思います。

ただ、書いているだけでは、つらくなってくる、あるいはますます不安になってくる場合も考えられます。できれば、他人に小出しにしながらも話す機会があったほうがいいでしょう。その意味でも、たまに仲のいい友人たちと集まる機会を持つことは、重要です。

わたしの場合は、たまの学会参加が重要な清涼剤の役割を果たしています。ノルマを離れることができる、新しい知識を得られるだけでなく、久しぶりの友人と飲んで話す機会が持てるのも、学会の魅力です。「自分の思うような仕事ができない」「仕事の環境が整っていない」などと腐っていたときもあったわたしですが、学会での友人や先輩・後輩との会話の中で、キャリア上の活力やヒントを得られたことも少なくありません。

幹事として自分で友達を集めることができれば言うことはないのですが、みなさん忙しくスケジュール調整だけで滅入ってくることが多いのも、社会人の悩みです。会社の講習会やセミナー、パーティーなどの機会を活用して、親しい間柄で短い時間でもいいので2次会を開くのも、一つのアイデアです。

自分だけでできることは、書くこと以外にあるのでしょうか。それは、手を動かす、からだを動かすことです。**不安解消のいちばんの治療法は、実は手作業や運動なのです。**不安障害の方でも、からだに強く症状が現れない人には、薬よりもむしろ作業をすすめています。

本棚の片づけや部屋の掃除、クローゼットの整頓などは、手近でできる作業です。片づけなど単純作業は、行った結果も目に見えます。なにより、不安を和らげるセロトニンの活性が上がります。片づけである必要はありません。外に散歩に行く、買い物に行くなどといった行動でも、構いません。

何もせず部屋で悶々としている、これがいちばん良くありません。「モヤモヤしているな」と思ったら、適当な格好で構わないので、近所の商店街やコンビニにでも行ってみてください。家でモヤモヤしているよりは、停滞を破る前向きな行動です。

第5章まとめ

「理想の自己」を持つより分不相応の「野心」を持つ

勝つ喜びと報酬、負ける悔しさと罰はダイナミックな脳活動を引き起こす

ヘコみを跳ね返す七つの技術を持つ

1. 完璧主義にならない
2. すべてを「自分のせい」にしない
3. 過去の「最悪の事態」を思い出す
4. 自分を励ます「定番フレーズ」「定番音楽」を持つ
5. 他人はしょせん無関心だと知る
6. とにかく運動する
7. さっさと寝てしまう

身近で「こうなりたい」という人を見つけてマネする

不安な要素を「仕事」「家庭」「自分」の項目ごとに分けて、紙に書き出す

部屋で悶々とせず、本棚の片づけや部屋の掃除など手近にできる作業から始める

第6章

日常生活で神経をすり減らさないコツ

31 休日は外に出かけなくてもいい

ビジネス雑誌や自己啓発書では、著名人のオフの過ごし方がたびたび紹介されます。スポーツや趣味などを楽しんでいるアクティブな姿が、取り上げられることが多いように思います。

著名人でなくても、オフを満喫している知り合いや、楽しそうに過ごしている人たちを街で見ると、自分のオフの過ごし方と比較してしまうのが人情です。まして、平日の仕事で疲れ果てて、休日に出かけるのが億劫で仕方のない人にとっては、自己嫌悪に陥ることもあるでしょう。

せっかくの休日の過ごし方に悩んでいる人が、意外に少なくありません。「週末うつ」という俗語もあるくらいです。週末うつには、個人的には三つの特徴があると思います。

・週末になると昼近くまで寝坊してしまう
・休みの日でも仕事のことが気になってしまう

・せっかくの休みでも気分がなんとなく晴れない

これらの三つの特徴が一つでもあれば、出かけるのに億劫さが伴ってきます。昼まで寝過ごしてしまえば、出かけてもすぐ夜になってしまいます。仕事のことが気になってメールや書類でも見てしまえば、そのまま処理する作業に入ってしまい、外出するタイミングを失うかもしれません。

いちばん漠然としていて、かつ「億劫」の源になるのは、「気分がなんとなく晴れない」です。曇り空のようになんとなく気分が乗らない、気分転換がいいことは頭ではわかっているが、どうもその気にならない。「なんとなく晴れない」が重度になると、抑うつ気分というう病の主症状の一つになります。重症にならないうちに、少しでも気分を晴らすテクニックを知っておけば、休日だけでなく仕事に対するエネルギーも湧いてくるはずです。

まず、「週末うつ」傾向のある人は、「平日」には、比較的元気に過ごしています。それはどうしてでしょうか。「仕事」にヒントがあります。

仕事は、もちろん甘くはありません。過酷な仕事によってうつ病になってしまう人があとを絶たないのも、事実です。しかし仕事には、うつな気分を晴らす「抗うつ」的要素も含んでいます。わたしの拙い分析では、**「つながり」「達成感」「社会貢献」という三つの要素が考えられます**。

「つながり」は、ここでは他人とのおしゃべりなど「リアルな」つながりのことです。職種にもよりますが、仕事をしてれば「1日誰とも口をきかなかった」ということはないでしょう。「達成感」は、快楽物質であるドーパミンと関連して、気分を高揚させます。他人のためになる「社会貢献」は、自分のアイデンティティを強化します。

仕事の「抗うつ」効果が、休日は薄れてしまいます。さらに休日を楽しめない自分に嫌悪感が生じてくれば、からだは休めても気持ちはスッキリしないままです。

以上を踏まえて、休みの日に外に出かけて気分転換したいけれど、億劫で外出がなかなかできない人へのアドバイスを考えてみます。それは、考え方を少し変えてみることです。「休日は気分転換のために出かけなければならない」という強迫観念を、いったん捨てることです。

休日の中に、「自分にとって」楽しめる時間を作ることです。**重要なのは、他人の楽しみと比較しないこと**。読書、テレビといったインドアなものが好きならば、無理に外に出る必要はないと思うのです。

わたしの患者さんで、元々インドア派のうつ病の方がいました。家でＤＶＤを見てゴロゴロしているのが、無上の楽しみという人です。その人が「休みの日は、どんどん外に出たほうが元気になる」と、友達からアドバイスを受けました。そこでかなり頑張ってドライブやスポーツイベントへの参加、トレッキングなどにチャレンジしましたが、自分に合わない活動は非常に疲労がたまります。休日の疲労で、週の前半を乗り切るのがつらくなってきました。会社に行けない日も出てきたので、休日は自宅でゆっくり過ごすように指導したところ、状態は回復していきました。

もちろん外出が嫌いでない人にとっては、家でゆっくりしてばかりでは、物足りないでしょう。しかし、休日は他人のものではなく、あなたのものです。１００％マネをすることはありません。「仕事がないだけラッキー」「からだを休められて御の字」くらいに気楽に考えることが、「週末うつ」に対するもう一つの処方箋かもしれません。

32 自分の疲れを癒す場所を確保しておく

「今夜は取引先との会食か……」

「会社の飲み会、出なくちゃいけないのかな……」

みなさんは、人と会ったり、会合に出たりする社交的なタイプでしょうか。それとも、一人の時間を過ごすほうが好きな内向的なタイプでしょうか。

わたしの場合は、特に夜に飲み会などがあると、朝は「面倒くさいな」「早く家に帰りたい」と、誘いを断りたい気持ちになってしまいます。しかし、飲み会に実際に出てしまえば、お酒も入って会話も楽しくなり、ついつい飲みすぎてしまいます。

心理学者のカール・G・ユングは、性格心理学に外向・内向という「タイプ論」を持ち込みました。明るく社交的な人は「外向的」、内気で暗い感じの人には「内向的」という、わかりやすい分類です。

ユングの性格論は、通俗的な「外向的」「内向的」とは異なり、リビドー（人間の活動の原動力、精神的エネルギー）が自分に向かうか、外の対象に向かうかによって規定されます。

政治やビジネスの世界では、外向的な人間が活躍しやすいのは、想像に難くありません。「人と会ったり、会合に出たりするのが億劫」という内向的な人間は、損をしているように思えます。

「こんな内向きの気持ちでは、仕事をやっていく自信がない」

と、悩む人もいるかもしれません。しかし、**内向的な人間が実は大きなパワーを持っている**事実を、ぜひ知っておいてほしいのです。

『内向型人間の時代 社会を変える静かな人の力』（スーザン・ケイン著、講談社）は、バラク・オバマやウォーレン・バフェットなど内気な人間が発揮する素晴らしい能力を解説したベストセラーです。その中に、ハーバード大学心理学部のブライアン・リトル教授のエピソードが紹介されています。

講演に招待されることの多いリトル教授ですが、講演後には男子トイレに駆け込んで個室に隠れてしまうこともあるというのです。またパーティーでも、「ちょっと新鮮な空気を吸いたいから」と言って、会場の外に出てしまうとも書かれています。

「私もトイレに隠れている！」という人も、読者のみなさんの中にはいるのではないでしょうか。

オバマ大統領やバフェットだけではなく、映画監督スティーブン・スピルバーグやグーグル創業者のラリー・ペイジ、「ハリー・ポッター」シリーズで知られる作家のジョアン・K・ローリングもそうでしたが、内気な性格に悩んでいる人は、その苦悩が偉大なパワーを養っている可能性があるのです。自信を失うことはありません。

ただ、社交をまったく断ち切ってしまうことは難しいでしょう。内向的な人は、その分休息が必要です。時間だけではなく、**本来の自分に戻りたいときに行く「回復するための場所」を、できるだけたくさん確保しておく**のが、内向的人間の休息術かもしれません。

自宅でも構わないのですが、家族が気になってしまうという人は、自宅以外の場所をいくつか見つけておくのがいいでしょう。

公園やカフェ、居酒屋、バーといった場所が思いつきますが、中には家電店や書店など自分の趣向に合った場所という人もいるでしょう。「回復するための場所」であれば、どこでもいいと思うのです。

「会合に出たくない」「人に会いたくない」から、デキない人間だと悲観的になることはありません。それだけ、自分に真摯に向き合っているとも言えるのです。

33 些細な変化を生活に入れる

死にたくなるほどつらいわけではないにせよ、

「なんとなくつまらない」

「新しいことがないなぁ」

「こんな退屈な日が続くのかな」

と、マンネリ感から現在の仕事への疑問や不安が生じてくる場面もあるかもしれません。


「刺激」と「反応」との関係で説明できます。人間は、外界のさまざまな変化に適応する能力を持っています。しかし、同じような刺激では物足りなくなり、さらに強い刺激を求めるようになります。同じ刺激ではそれまで得られていた快感を得られない「耐性」は、刺激を強くするか、刺激の質を変えなければ克服できません。

アルコールや違法薬物の依存症に陥っている人は、同じ強さや分量では満足できず、さらに強く、多く求めてしまうわけです。

依存症に喩えたように、「マンネリ」「退屈」「つまらない」は、苦痛のインパクトはそれほど強くなさそうですが、実は気をつけなければならない兆候です。高温に比べて低温やけどが皮膚や筋肉の奥までダメージを与えるように、じわじわとわたしたちの活力を蝕んでいきます。

その理由は、何でしょうか。**「つまらない」「マンネリ」「退屈」が、苦痛はそれほどでもなく、むしろぬるま湯のように居心地がいい**場合すらあるからです。無理をする必要はなく、「つまらないけど、まあいいや」で済ませていれば、深刻に悩むこともありません。

早急に決断や結論を下す切迫感も不必要です。

このようにぬるま湯につかったままでいれば、自分の向上にもつながらず、組織に対する貢献度も落ちてしまい、いたずらに低迷の時間を過ごすだけになるのは自明です。まさに、水温を常温からゆっくり上げていくと、逃げることなくゆで上がってしまう「ゆでガエル」の喩え通りになりかねません。

逆に考えれば、「マンネリ」「退屈」「つまらない」はいいチャンスでもあるわけです。あなたのアイデアと行動次第で、環境に変化を起こすことができるからです。「まあ、いいや」では済ませず、「これではいけない」という危機意識を持ち続け行動することが、いちばんの処方箋です。

「会社がこうだから、つまらないんだ」

「あの上司では、言われたことをやるしかない」

などと、会社や上司のせいにして文句ばかり言うのが、いちばん非生産的な態度です。

そのままでは、その人自身が「つまらない」人間に堕《お》ちてしまうでしょう。

変化をもたらす行動。いちばんラディカルなのは、「転職」でしょう。しかし、計画性や準備を欠いたままで職を変えるというのは、無謀です。**簡単な「変化」を、日常生活の中に起こしていくのが、「マンネリ」「退屈」「つまらない」を打ち破るコツです。**

・デスクの配置を換える

・服装を変えてみる

・有休を取って旅に出る

どんな些細な「変化」でも構いません。つまらない非連続性を断ち切る試みが、なにより重要です。

「変化」は、料理に喩えればスパイスのようなものでしょう。「変化」を起こすことは、ある意味負荷がかかるストレスです。しかし、ストレス学説を唱えた生理学者ハンス・セリエは「ストレスは人生のスパイスだ」という名言を残しています。胡椒《こしょう》1粒でも、ないよりはマシだと考えて、変化を起こしてみましょう。

34 自分の頑張れる時間を把握する

社会人は、生活の中心がどうしても仕事になってしまいます。

「仕事で、毎日いっぱいいっぱい」

「ずっとしんどい毎日ですよ」

わたしを含めて、そういうボヤきをつい口にしてしまいがちです。結果を出しているかはともかくとして、こうボヤいている人は、その人にとっての「全力」を出していることになるでしょう。

遊びに傾けるエネルギーは、どうでしょうか。

「学生のときみたいに、スカッと遊べないなぁ」

「仕事を忘れて、全力で趣味に集中できたらいいのに」

平日のオンで疲れた身にとっては、オフを十分にエンジョイするのも、容易ではありません。仕事にも遊びにも全力を出せない……と感じる瞬間に、自己嫌悪に陥るのも無理はないでしょう。

人間のライフサイクルを考えると、「全力」を出せる年齢や時間は限られていると思います。しかも、個人差がかなりあるのではないでしょうか。

カリスマ経営者の自伝などには、夜も眠らずに働いた、数年間は休日もなかった、というモーレツな働きぶりが紹介されているものも少なくありません。人間には、短時間睡眠でも十分機能できる「ショートスリーパー」の人や、活動的で陽気であり、精力的に仕事をこなしていく反面、自信過剰な欠点も持つ「発揚気質」の人が、わずかですが存在します。このような人たちは、カリスマ経営者の自伝さながらのワーカホリックな生活が可能でしょう。

しかし、毎日朝早くから夜遅くまで、休日もなく全力を尽くすことは、普通の人には不可能でしょう。自分が凡人だと思うならば、（カリスマ経営者などと）安易な同一化をせず、「全力を出せる時間は限られている」ことを意識するところから始めたほうが現実的だと思います。

中には、

「オレだって頑張ってあの人みたいな経営者になってやる」

「こんなことで疲れているようでは、まだまだだ」と、自分にハッパをかけて努力を続ける人もいるでしょう。そういう人の中に、将来の成功者がいるのも事実です。しかし、自分の気力や体力をちゃんと評価しておかなければ、心身の健康を害してしまい、医者のお世話になる羽目になりかねません。

偶像化した目標を目指して頑張るのもエネルギー源にはなるでしょうが、もっと重要なのは自分を知ることです。すなわち、**自分が全力を出せる時間帯やコンディションを見極めることです**。

単純には、朝型なのか夜型なのかを確認するだけでも、違います。たとえばわたしは夜型なので、午前中はなるべくタスクを詰め込まない仕事調整を行っています。1週間を見ても、どの曜日に調子が上がるか、落ちるかを見直してみるのもいいでしょう。完璧な自己の把握は難しいですが、オーバーワークにならないポイントを見定めておくことが重要です。

実は遊びや趣味にも、同じことが言えます。1～2日ある休日すべてを全力でエンジョイすることは、不可能でしょう。休日のうち、どの時間帯を自分の時間にあてることができるか、趣味など自分の楽しみに使うことができるかを割り当てる時間配分が、「全力で取り組めていない」呪縛から逃れる秘訣かもしれません。

35 「忙しい」「時間がない」とは言わない

「忙しくて手一杯」

「時間が足りない」

時間に余裕があってヒマで仕方がない……という人もいるかもしれませんが、たいていは忙しくてアップアップという人がほとんどでしょう。

やってもやっても処理しきれない仕事。家庭の行事や問題も抱えています。すべてが想定通りに進むわけではもちろんなく、突発的に生じる問題が、ますますわたしたちを忙しくさせます。

「忙しい」「時間がない」と頭の中では思っている人がほとんどです。しかし、そのことを口に出すか出さないかで、周囲からの評価はもちろん、その人の将来までもが決まってきます。

「忙しい」「時間がない」としょっちゅう口に出す人の中には、単に思ったことを反射的に言ってしまうだけの人もいるかもしれません。しかしそれだけではなく、ややもすれば自己顕示的な側面がある可能性もあります。

日本の伝統では、「忙しい」「時間がない」＝「有能な人材・会社から求められている人材」という、労働上の偏った価値観が今でも大手をふるってまかり通っています。忙しがる人には、「忙しい」ということを他人にこれ見よがしに主張することで、自分が有能である存在であることをアピールしたい心性が見て取れます。

「オレはこんなに期待されているんだ」

「仕事ができるから、こんなに仕事が多いんだ」

ということを露骨には言わないまでも、デキる自分をアピールし、かつデキない自分を恐れて不安に感じていることが窺えます。そもそも、**本当にデキる人は、自分の忙しさをアピールする必要性はないはずです。**

「時間がない」「忙しい」は、虚勢を張っている印象を相手に与える可能性があるのです。張り子の虎は、そのうち中身を見透かされます。「忙しい」「時間がない」を連発していれば、いずれ、

「大した仕事、やってないクセに……」

「段取りが悪いだけでしょ」

と、クールに批評されてしまうのは避けられないでしょう。

「忙しい」「時間がない」と、焦る気持ちを持つのはまったく構いません。しかし、口には極力出さないことです。相手からの評価が下がってくるのももちろんですが、**「忙しい」「時間がない」ということで、なんとなく仕事ができているという誤った暗示にかかってしまうのが、いちばん怖いことです。**「忙しい」「時間がない」＝「結果が出る」「生産的」というわけではないのは、言うまでもありません。

また、「忙しい」「時間がない」と口には出していなくても、「忙しぶる人」になってはいけません。スケジュールが埋まると安心する、定時で帰る人に怒りを覚える、ヒマになると不安になる、などは「忙しぶる人」の特徴です。あくまで「効率」「生産性」といった軸で考えることが大切でしょう。

第6章まとめ

「休日は気分転換のために出かけなければならない」という強迫観念を捨てる

人と会うのが疲れてしまう人は、「回復するための場所」を確保しておく

「つまらない」「マンネリ」は環境に変化を起こすいいチャンス

「朝」なのか「夜」なのか、自分が頑張れる時間帯を把握しておく

「忙しい」「時間がない」と言うと、なんとなく仕事ができるという誤った暗示にかかってしまう可能性がある

第7章

モチベーションの高い人がやっている小さな習慣

36 「明日やればいいや」をなくす

「書類を明日までに仕上げなければならない」

と、やるべき仕事があるのに、最初の一歩を踏み出せずにズルズルため込んでしまう。

あるいは、

「来年の簿記の試験の勉強を進めないと」

と、達成すべき目標はあっても、なかなか思うように進まない。

「すぐ取りかかれない」

「先送りにしてしまう」

そんな「先送りグセ」のジレンマが、自己評価を低くしてしまい、次の変化や成長へのステップを妨げている場合が少なくありません。

先送りの原因は、単純に「やりたくない」気持ちが働いているからだと考えられます。

本能的にはやりたくないけれども、理性的に「やらないと怒られる」「やらないと、プラスにならない」などと、自分に無理矢理言い聞かせている状態です。

仕事を前にした人が、ネットサーフィンを長々としたり、机の上の整理整頓を始めたりするのは、仕事を「やりたくないから」です。代わりに、仕事とはまったく異なる作業に手を出します。「逃避行動」と呼ばれるもので、イヤな仕事と向き合うストレスから逃れたい心理のなせる業です。

これらの行動は、**文明が進んで大脳皮質が進化した現代人だからこそ、陥るものです。**原始時代ならば、「食糧確保は気が進まないから先送り」などと言っていたら生存できません。現代人の仕事は、やらなければ生死にかかわる性質のものではないからでしょう。

しかしながら、先送りのリスクは決して小さくはありません。期限直前までため込んだ末に慌てて仕上げた仕事は、精度も低くなりがちです。期限を破れば、関係者を含めた周囲に多大な迷惑がかかります。ひいては社内での自分の評価も損なわれ、社員としての立場も危うくなり、大げさかもしれないですが解雇・失業の危険性が高くなります。

「頭ではわかっているんだが、実際はすぐ取りかかれない」という人も多いでしょう。しかし、この心理状態にあるときは、焦りつつも実は頭の中で漠然とスケジューリングができています。いつまで放置できるか、何日前から手を付ければ間に合うか、おぼろげながらイメージができているのです。したがって、ギリギリまではのんびりと構えていることになります。

しかし、その目算に頼りすぎるのはおすすめできません。**「締切前に一気に頑張ればなんとかなる」と思うのは、社会人としては甘い見立てです。**小学校の夏休みの課題や、学生時代の試験勉強の一夜漬け、新人時代の徹夜仕事でうまくピンチを切り抜けた経験があったとしても、そうした瞬発力や集中力は加齢とともに落ちてきます。逆に業務内容や質は、キャリアアップとともに複雑になるのは当然です。学生時代の試験や課題と同列に扱うのは、疑問です。

「先送りグセ」を少しでも改善するためには、仕事量と期限とをきちんと整理することです。時間と仕事量との2次元ベクトルで考える方式です。その最初の作業は、まず現在の仕事をリストアップし、その中で素早い着手が必要な仕事と、熟慮が必要な仕事とを分けることです。「スピード型」と「熟慮型」の仕事を分けて整理すると、「全部の仕事を急いで行う必要はない」と発見でき、気の進まない状態を一歩抜け出すことができます。

また、行うタスクの工程を分割して考えることも重要です。大きな仕事をするときは、最終期限だけではなく「〇日までに半分」「〇日までに7割」など、途中に小目標を設定すると取りかかりやすくなります。

　精神科の行動療法計画も、漠然としたメニューでは不十分です。摂食障害の治療ならば、決められた体重を達成目標として、食事量や運動量を調整していきます。退院できる体重をあらかじめゴールとして設定しておきますが、ゴールだけ目指しているのでは、治療に疲れ果てて続かなくなることがあります。したがって、途中に小目標をマラソンの通過地点のように設け、それを達成したならば外出などご褒美がもらえるような治療スケジュールを組みます。

「始めたとき」と「期限」に比べ、途中経過や折り返し地点のイメージを描く人は少ないものです。マラソンを思い浮かべた場合でも、勢いあるスタートや感動的なゴールに比べると、折り返し地点の印象は薄いものがあります。折り返し地点を迎えるときは、仕事が順調に進んでいるときもあれば、いちばん苦しいときかもしれません。

　しかし、**スタートとゴールしか思い浮かべないイメージ能力の乏しさも、ギリギリまで仕事に取りかからない間接的な原因**かもしれません。期日の中間地点までには、半分の量をこなす程度のイメージは、持っておきたいところです。

37 お腹いっぱいごはんを食べてはいけない

今の職場で耐えしのぐ、あるいは思い切って転職する。いずれにせよ、健康は最も重要な条件です。充実した体力、気力は、人生を生き抜いていくには、どちらも欠かせない要素です。

食生活に気をつけなさいと言うと、高齢者や病人の話題に思えてしまう人もいるでしょう。しかし、**就職してある程度経って悩んでいる人こそ、健康とりわけ食事には、気をつかってほしい**とわたしは常に考えています。

ジャンクフードやファストフード。あるいはラーメン、カレーライス、牛丼などの日本式外食習慣が続いてしまうことで、メタボなど身体的な健康面で問題が生じてくることは、日常的に見られることです。

意欲低下や情動不安定、集中困難など精神的な問題は、肥満などと違って、外見からは目立ちません。しかし、不規則な食習慣が、イライラや思考力不足などの一因になっているような人が多いのも事実です。

人間の気分や思考力、情緒について考える上で、重要な神経伝達物質といえばやはりセロトニンが挙げられます。セロトニンが不足すると、うつや不安が強まります。

セロトニンは、アミノ酸の一種であるトリプトファンから合成されます。常識的な食生活をしていれば、トリプトファンが不足することはまずありません。しかし、極端な偏食や先述したジャンクフード生活を続けていると、トリプトファン不足＝セロトニン不足になる可能性だってあるわけです。

アメリカのテキサス大学の研究によれば、トリプトファン抜きのアミノ酸飲料ばかり飲んでいた健常人グループでは、攻撃性が高まったという結果が発表されています。「医食同源」とはよく言ったもので、毎日口にするものを軽んじれば、長い目で見れば心身が確実に蝕まれていきます。

かといって、管理栄養士のように「トリプトファンを多く含む食物は……」と計画して食事を準備することは、忙しいビジネスパーソンでなくても現実的ではありません。わたしは、トリプトファンが豊富に含まれる果物と豆類を多く摂るよう心がけるだけでも、かなり違うと思います。大豆など豆類やフルーツ類は、外食に含まれていなかったり、皮をむくのが面倒などで、敬遠されがちです。

もう一つの鍵となる栄養素は、必須脂肪酸である「オメガ脂肪酸」です。特にオメガ－3脂肪酸のほうは、抗うつ効果、抗不安効果が研究でも明らかになってきており、うつ病や心的外傷後ストレス障害（PTSD）の治療薬としての役割が期待されているほどです。必須脂肪酸には、オメガ－3とオメガ－6があります。現代の食生活では、サラダ油などに含まれるオメガ－6の脂肪酸は、日常生活で注意しなくても十分に摂ることが可能です。オメガ－3の脂肪酸は、不足に注意するべきです。

オメガ－3脂肪酸は、海の魚、特に青魚に多く含まれると言われています。アジやサンマ、イワシなどです。ファストフードではほとんど食べることのできない食材ですね。

脂肪酸というとからだに悪そうですが、情緒が安定してイライラしにくくなる脂もあるのです。むしろファストフードでの食事は、最近やり玉に挙がっている「トランス脂肪酸」を含む危険性があります。

「トランス脂肪酸」は、水素を加えた植物油を扱う過程で生成される副産物です。これが、コレステロール値を上げて、動脈硬化や脳卒中のリスクを高めることがわかっており、海外では規制している国が少なくありません。

最後に、「食べすぎ」の害を強調しておきます。満腹、あるいはそれ以上食べる食生活を毎日続けていると、老化が進み病気になりやすいことが、サルでも人間の研究でもわかってきています。

老化は、外見だけではありません。脳のエイジングも、進行するわけです。**「根気が続かない」「記憶力が落ちる」「判断力が鈍る」などが、同年代の人よりも速く進む危険性が、大きくなる**と言っていいでしょう。8割で満足する食生活を続けていれば、精神的にも健康を維持できる可能性がアップします。

繰り返しますが、管理栄養士のような厳密な食事管理は、現実的ではありません。ジャンクフードの回数を週1、2回に制限する、納豆など豆類と、アジやサバを最低週1回は食べる、ベルトを緩めなければならないくらいに食べすぎない。もちろんほかの栄養素もあるので、これだけ口にしていれば大丈夫というわけではありませんが、知っておくべき栄養学的知識だと思います。

38 「自分へのご褒美」はあげすぎないほうがいい

「頑張った自分にご褒美」

正直このフレーズには、「痛い」「キモい」「イラッとくる」といった悪印象を持たれる人も少なくないのではないでしょうか。

特に女性に、「自分にご褒美」傾向はより強く見られるのではないかと思います。ただ、男性も例外ではありません。

「仕事を頑張ったから、欲しかったブランドシューズを買う」

「この資格試験に合格したら、海外旅行にでも行こうかな」

など、物品や食事、旅行などといった、日常生活での報酬を設定できるのは、女性の強みです。

「自分へのご褒美」は、頑張った自分への報酬であると同時に、投資でもあります。本来の仕事に対するご褒美ならば、大きな問題はないでしょう。ささやかなリフレッシュは、必要です。欲しいものを買っただけで満足することもあるかもしれませんが、「また働かなくちゃ」と、気合いを入れ直すこともできます。

ただ、習い事など自分を高める苦労に対するご褒美になってきた場合は、やや注意が必要です。英会話やダンススクール、ヨガ、ゴルフ、料理、お菓子作り、ワイン、エステ、ネイル、アロマ……美容や趣味、実用を含めて、自分への投資＝「自分磨き」を絶やさない女性たちを、しばしば見かけます。

婚活批評などでは、こういった女性が男性からは敬遠される分析がなされています。鼻につく上昇志向や浪費癖が、大まかな要因でしょう。わたしが指摘したいのは、**こういった自己向上や自己研鑽には、嗜癖傾向があることです**。

嗜癖（アディクション）とは、ある特定の行動への「のめり込み」と定義できます。英語で言うと、「addiction」です。「のめり込み」は、「やらないと落ち着かない」という依存性と直結しています。特定の行動には、アルコールやニコチン、シンナー、覚醒剤といった、依存性を持つ物質・薬剤の使用などがあります。

ただ、嗜癖・依存傾向を持つものは、物質・薬剤に限りません。わたしたちの日常的な行動が、嗜癖の対象になりえます。食事ならば、過食や拒食。買い物やギャンブルも、それぞれへの依存を形成します。

逸脱した買い物やギャンブルは浪費につながって、社会・経済的にダメージを被ることが多々あります。これが仕事や運動などが嗜癖対象となると、問題が目立たなくなります。「仕事依存」になれば、生産性は上がるでしょう。「運動依存」になれば、どんどん健康になっていくでしょう。「自分磨き依存」になっていけば、どうなるでしょうか。

男性はエグゼクティブ風に、女性はいっそう美人に、なっていくでしょう。外見面でもスキル面でも、優れた人材に成長していくはずです。

しかし、嗜癖・依存の怖いところは、ますます強い刺激を求めて際限がなくなっていくことです。再犯を繰り返す覚醒剤患者や、なかなか禁酒できないアルコール依存症の患者と、似ている部分が多くなっていくのです。

・5万円の腕時計で満足できなくなり、10万円の腕時計が欲しくなる

・5000円程度のビストロで満足していたが、今では高価で予約の取りにくいフレンチじゃなければ不満

・国内旅行で十分だったが、このごろは海外旅行が当たり前になっている

こういった増長している「ご褒美」は、依存性・嗜癖傾向が現れ始めているサインかも

しれません。

途中でも書きましたが、「この仕事が終わったら、飲みにでも行こう」などの報酬を準備しておくことは、仕事の活力維持にも有効です。ただし、**報酬に頼りすぎて「頑張った自分にご褒美」を乱用するのは、望ましいことではありません。**

個人によって異なるでしょうが、ひと月に1回、あるいは季節ごとなど、節度を保って「ご褒美」を取り入れていくほうが賢明だと思います。

39 毎日同じ時間に始めて、同じ時間に終わる

変化や変革も大切ですが、それを支える背後にしっかりとした基本があることが重要なのは言うまでもありません。基本練習を疎《おろそ》かにしてファインプレーを決めようと思ってもうまくできないのは、仕事でもスポーツ、芸術の分野でも変わらないでしょう。

スポーツ中継では、「地力《じりき》」という言葉がよく使われます。地力とは辞書を開くと「その人が持っている本来の力」と定義されています。

「本来の力」を鍛えるには、地道な基礎練習が欠かせません。ビジネスパーソンならば、たとえば英会話や会計、税務、法律などでしょうか。自分の専門分野の勉強は、どの職種であっても必要不可欠でしょう。

資格試験など締切のあるものは、本番に向けて勉強量や内容をスケジュールしていかなければなりません。ある程度、日程や作業内容・分量に柔軟性を持たせたほうがいいでしょう。

英会話などの継続練習が必要なものが、これからのビジネスパーソンにとって「地力」にふさわしい代表例かもしれません。ＴＯＥＩＣやＴＯＥＦＬといった試験はあるにせよ、それは途中経過的なものに過ぎません。食生活やエクササイズのように、継続がいちばんの力です。

継続力を付ける方法は、意志に頼らないことが第一です。人間の意志ほど頼りがいのないものはありません。対策として「システム化」「仕組み化」＝「習慣化」がしばしば提唱されます。朝の洗顔、夜の歯みがきのように、習慣化してしまうということです。

習慣化をさらに強化するためには、「リズム化」してしまう工夫を試みることです。人間には、体内時計が各細胞に備わっています。日中は体温が高く維持され、覚醒が保てます。夜になって体温が下がってくると、眠気が訪れます。人間のリズムは、体内時計＋睡眠の量のバランスによって、規定されています。

体内時計は、生命の神秘とも表現できます。それぞれの生物によって昼型・夜行性など異なりはするものの、生命はリズムを持っているのです。これに逆らうのは、生命の原理に反するのではないでしょうか。

食事や睡眠など決まり切った行動は、一定時刻に行うことが自然であり、そうすることが脳とからだの健康にいいことは、どうやら間違いないようです。夜勤などシフトワークの業種の人が、生活習慣病やうつ病など病気に罹《かか》るリスクが高くなる調査結果が、この事実を裏打ちします。

「地力」を鍛える勉強・練習は、毎日同じ時間帯に行うのが、理想的です。勉強に限らず、もちろん食事や運動、睡眠なども、健康面から「地力」を付ける習慣です。

「毎日忙しいのに、決まった時間に始めるなんて難しい」

「不規則なシフトで、なかなかできない」

と嘆く人もいるでしょう。

ならば、ある程度間引いて規則性＝リズムを持たせる工夫も考えましょう。日単位が難しければ、週単位で過ごし方を考えてみます。

「火曜日は勉強にあてる」

「水曜日は、早めに帰る」

体内時計の周期とは異なりますが、人間はある程度のリズムを持っていたほうが、混乱せずに済みます。気持ちの安定は、勉強や練習に励むための必要条件です。

ビジネスパーソンのための1週間の過ごし方を考察したのが、拙著『水曜日に「疲れた」とつぶやかない50の方法』（朝日新書）です。軽いタッチで、疲れて乗っている通勤電車の中でも読める内容ですので、興味のある方はご参考にしていただければと思います。

40 こだわりの道具を揃えて、徹底的に使う

２０１３年にリクルートが８７６人の学生を対象に行った勤労に対する意識調査を見ると、「仕事人間」の絶滅傾向が読み取れます。「生活や自分の時間を大切にバランス良く働きたい」というワークライフ・バランス重視が82・4％を占めたのに対し、「プライベートを犠牲にしても出世を目指したい」派は５・１％に過ぎませんでした。俗に言う「社畜」恐怖症が窺えます。わたし自身も基本的には、前者の考えに立つ立場です。

非効率的な働き方を改善すべきことは当然です。しかしその一方で、技術・情報の急速な変化や国境の障壁が薄れるグローバル化の影響は大きくなっていく一方です。個人が生き残るためには、常に学び続けることが求められます。将来のある学生だけではなく、わたしを含めた中堅・ベテランから権威・大御所に至るまで、学習意欲の維持は欠かせません。

しかし、精神的なかけ声だけではなかなか続かないのは、みなさんも経験済みでしょう。

仕組み化、システム化については前項目で少し触れましたが、欠かせないのはなんといっても「道具」です。**身銭を切って、道具に凝ってみることから始めると、仕組み化への士気が上がり**、スタートダッシュになります。

勉強ならば文房具、スポーツならばウェアやシューズ、英会話ならば良質のヘッドホンやパソコン、などでしょうか。さらに望ましいのは、使えればいいやと間に合わせるのではなく、自分なりの「こだわり」を持って道具を選んでみることです。

したがって、金額やブランドだけが価値観の軸というわけではありません。使いやすさ、デザインなど、自分好みの選択をするのが、精神的にも意欲を維持できるコツだと思います。

それなりの金額を出費すれば、「元を取らなければならない」というプレッシャーも働きます。しかし、お金よりも自分自身の「こだわり」「好み」を優先するほうが、楽しく意欲が維持できると思うのです。

パソコンに喩えれば、アップルの愛好者にいくら高性能な他社のPCを使わせても、かえって効率は落ちてしまうでしょう。文房具にしても、最高級のモンブランの万年筆やボールペンが、万人に合うわけではありません。わたしの場合は、ジェットストリームやフリクションボールを使うほうが、性能が素晴らしいのはもちろんですが気楽でストレスがかかりません。

「買っただけで満足してしまうのでは」

「健康器具のように、一度だけ使ってあとは放置……」

という心配も、ごもっともです。わたしも、経験はありますので……。

買っただけで満足してしまうのは、人間の悲しい性質です。健康器具は代表格ですが、本ならば「積《つ》ん読《どく》」など、購買事実だけで充足してしまうことは少なくありません。「使うこと」よりも「買うこと」を、脳が求めていたことになります。いわば、理性的熟慮のない欲求ですが、人間の購買活動では残念ながら理性よりも本能的欲求のほうが優位です。

「買っただけで満足」を避けるためのポイントは三つ挙げられます。一つ目は、当然ですが**「道具を揃える」「身銭を切る」対象を、きちんと選ぶこと**。なんでもかんでも、お金を出していればいいものではありません。むしろ、必要性や切迫度をよく考えて、対象や目的を一つか二つに絞るべきです。まさに、「選択と集中」です。

二つ目は、**「とにかく使う」こと**。高級時計や衣類を買っても、もったいないからと使わないのでは、購買意欲を満たしただけです。とにかく使うことが、習慣化につながります。習慣化が、続けるコツであることは言うまでもないでしょう。

最後は、繰り返しますが「自分のこだわり」です。**持続力に欠かせないのは、この執着、こだわりです。**関心が限られていて執着しやすいアスペルガー障害の人の中に、非常に優れた研究者になる人がいます。どんな困難にも打ち克つ彼・彼女らのエネルギーは、「こだわり」「執着」です。「選んで」「使って」「こだわって」の3要素を軸に、じっくり買い物の時間を取ってみるのも、前向きな気分転換になるでしょう。

41 人間関係の悩みから転職を決めない

職場での悩みでいちばん多いのは、おなじみ「人間関係」。わたし自身も組織の中にいて痛感しますし、診察室でも患者さんとしばしば話題になるテーマです。

この切っても切れない「人間関係」が、強い転職の動機となっているというデータが発表されています。求人サービスを手がけるBroadBankが2013年に取りまとめた1009人を対象としたインターネットによる調査を見ると、転職活動のきっかけは職場の同僚、上司、部下などとのつきあいを中心とする「人間関係」が最多でした。

この手の調査はいくつかあり、人間関係に悩んでいる人がこういった調査に積極的であるというバイアスは避けられないにせよ、一般的な感情からは理解できます。医学部でも、上司である教授が交代したあとに辞職するスタッフが少なからずいるのは、ウマが合う・合わないといった単純な人間関係が原因のことも少なくありません。

かなりもめた末の退職・転職のケースも、相当数潜んでいるかもしれません。外資系企業のように転職をドライに繰り返していきながら、地位や収入を高めていくという文化があれば、退職・転職をめぐるトラブルもそうは目立たないでしょう。

ただ、まだまだ日本には転職者を「辛抱が足りない」「何かトラブルメーカーの要素がある」などと否定的に評価する、ウェットな価値観が息づいています。多くの民間企業でも転職歴は決してプラスに働かず、むしろマイナスに評価されるといいます。ましてトラブルや悪印象を残しての転職は、狭い社会の日本では悪評判が残ってしまい、後々大きな代償を払うことになりかねません。

また、意地悪な見方をすれば、**「人間関係」が原因で退職した人の場合、新たな職場でも「人間関係」が原因でやめてしまう傾向があるのではないでしょうか。**しっかりとした統計資料はありませんが、「ああ、あの人のことかも」と、知っている人の中で思い当たることもあるかもしれません。

「人間関係」は難問であることは間違いないのですが、やはりなんとかして克服しなければならない課題です。そもそも、波長の合う人とは「人間関係」という言葉は使われることがありません。「苦手な人」「ムカつく人」「イヤな人」といった、不快感情が先行してしまう人とのつきあいをさすことがほとんどです。

「苦手な人」「ムカつく人」は、人によってタイプが異なるでしょう。自己中心的で誰からも嫌われている人もいれば、あなたとだけ価値観やソリが合わない、なんとなく「虫が好かない」程度の人もいるでしょう。基本原則を、考えてみましょう。

人間関係の「ドリブル強行突破」は控えたほうがいいということです。

「あの部長には、こういう接し方がいいのかな」

「このやり方なら、後輩も動いてくれる」

と過度な期待を持って頑張っても、結果が得られるとは限りません。相手は、あなたとはまったく異なる家庭で育ち、まったく異なる教育を受けているわけです。ついでに言えば、一卵性双生児ではないわけですから、遺伝子も違うわけです。

「人間関係」であなたが悩んでいる対象とは、「脳」が、そもそも違うのです。そう考えると、異なる「脳」を自分一人の思い込みで説き伏せようというのは、無謀な「ドリブル強行突破」です。

スルー・スキルを高めるには、相手に対する期待値を下げることです。人間は、無意識のうちに「こうすべき」「こうしなければならない」という考えに縛られています。この「すべき思考」に囚われているうちは、苦手な相手との関係はギスギスしてきます。「こうすべき」は、自分にも相手にも求める期待レベルが高すぎる表れです。期待が裏切られたときに、落ち込んだり、イライラしたり、怒りを覚えたり、感情は不安定になります。

こういった感情が揺れ動いたとき、あるいは爆発寸前のときに、

「こんな会社、やめちゃおうかな」

「あの会社に移れば、こんなバカげたストレスを感じなくてもいいかも」

など、根拠に基づかない転職衝動が頭をもたげてきます。しかし、このような感情的な不安定に基づく行動は、うまく進む可能性は低いと思います。あくまで、**転職には緻密な計算と落ち着いた中での勇気が、必要です。**

「人間関係」で感情がささくれだったときには、

「あの部長も年だから、仕方がないのかも」

「会社も苦境だから、みんなイライラするのも道理」

など、期待値を下げて自身の感情を安定させましょう。

42　自分に厳しすぎないほうがいい

人間、決していつも順風満帆というわけにはいきません。山あれば、谷ありなど、順調にいかないことを喩えることわざは枚挙に遑がありません。

ステップアップで転職を考えている人は、向上意欲の高い人でしょう。こういう人こそ、自分に対する厳しさを持っているので、失敗したときや結果に満足できないときは、言葉数が減ってしまい抑うつ的になりやすいと言えます。

ただ、単純に落ち込んで覇気がなくなっているわけではありません。**人間は抑うつ的になると、攻撃性が顔を出してくる場合があります**。特に転職など今後のアクションを考えている人は、なおさらでしょう。

「失敗したのは会社のせい」

「あの課長がいるうちは、実力を出せないよ」

などと、外部や他人に責任転嫁するのは、最近話題の「新型うつ」と称されている一群と似ています。他人に攻撃性を向けるのは、感心できない心理であることは間違いありません。あくまで結果を出せないのは、自分自身であるという責任を回避してしまっています。

このタイプ以外は攻撃性から無縁である、というわけにはいきません。**まじめで責任感が強く、他人への配慮に富む人は、この攻撃性が自分に向いてしまうのです。**

わたしの患者さんで、海外大学の博士課程を目指しているという優秀な都市銀行勤務の方がいました。平素の勤務態度もまじめで、業績も良かったのですが、なにせ自分に厳しすぎる人で、「このくらいはできて当然」というスタンスです。そして、個人のミスというより組織の問題から生じたトラブルを、自分の落ち度と考えてしまい、勤務中に動悸やめまいがするようになったため、わたしのもとに通っていました。

「もっと僕がしっかりしていれば」

「こんな体《てい》たらくでは、組織にとっても良くないですよね」

など、批判の矛先が自分に向かっている状態でした。

自分の仕事や結果、目標に対して過度に高い要求水準を持っている人は、それが失敗に終わると、攻撃の矛先を自分に向けます。

辛抱強い人の内実は、ストイックに自分を傷つけていることに耐えている姿でもあるのです。なかなか結果が出ないとき、あるいは頑張ったにもかかわらず失敗してしまったときにすべてを自分のせいにしていたら、自分が持ちません。

自分を責めがちな人は、自分の結果責任だけを考えるのではなく、自分以外にもうまくいかなかった原因が少しはあるはずだと、気軽に考えるほうがいいでしょう。**責任転嫁ではなく、責任、原因を自分以外のものと共有・シェアするというのも、柔軟な思考法の一つです。**

他人を責めていても不毛ですが、自分をも「ダメだ」と責めていては、今の職場に踏みとどまるにせよ転職を検討するにせよ、プラスのエネルギーが湧いてきません。

ずる賢く、

「タイミングが悪かった」

「自分も不調だったし、しょうがない」

などと、責任を自分以外にそらしましょう。ただ、全面責任転嫁ではなくて、部分的にそらすということを忘れてはいけません。

第7章まとめ

締切前の瞬発力や集中力は、加齢とともに落ちる。仕事の量と期限をしっかり整理する

食事で脳年齢も変化する。豆類、青魚を多く摂りお腹いっぱい食べない

「自分へのご褒美」はあげすぎないようにする

継続するには、意志に頼らないことが第一。習慣化をさらに強化して「リズム化」する

自分の道具にこだわりを持つ

「こうすべき」「こうしなければいけない」という考えに縛られない

自分に厳しくなりすぎない

第8章

それでも会社を「やめたい」ときには

43 転職するか、踏みとどまるかを判断する基準

転職すべきか、踏みとどまるか。年齢という制限が存在するのは、間違いありません。職種によって転職の限界年齢に差はあるでしょうが、「学ぶに遅すぎることはない」という格言と同じというわけにはいきません。やはり、30代半ばという年齢が分かれ道になるでしょう。

問題は、心理的な分かれ道です。

「やっぱり転職したほうがいいかな……」と思えば「景気も良くないのに、転職なんて甘いかな」というように、考えが揺らがない人のほうが珍しいのではないでしょうか。さまざまな可能性をイメージすることは、決断するにあたって欠かせない頭脳作業です。優柔不断とは別問題です。

転職を考えている人への助言は、数多くの人材コンサルタントが書籍やネット上で発信しています。プロフェッショナルであるコンサルタントの意見を、自分の実情に当てはめ

て参考にしていけば、優れた指針になると思います。

コンサルタントではない、転職・就職業界においては素人であるわたしですが、診察現場でも、「先生、仕事変えたほうがいいんですか？」といった類いの、仕事に関する質問を受けることは珍しくありません。業界人とは違った医学的・心理学的視点から、転職で迷っている人にアドバイスを送りたいと思います。

転職するかどうかにあたって、わたしがいちばん重視しているのは、生活・暮らしの満足度合いです。人間には生活の基盤、ぶっちゃけて言うと**お金がからんだ経済的不安が強くなるほど、精神的不安定が強まる傾向があります**。

満足な生活・暮らしの定義は、それこそ人によって雲泥の差があります。ものすごくお金のかかる趣味があって、それが充実しないと満足できないという人もいれば、物欲がほとんどなく精神的な充足を大切にする人もいるでしょう。

「仕事は金ではなく、やりがいだ」と考えるならば、再考が必要かもしれません。転職によって生活の質がガクンと落ちることが予測されるのであれば、よほど資産があるか不労所得でもない限りは、やめないほうが賢明でしょう。家族がいれば、なおさらのことです。

第1章の「〝お金のため〟に働くことの罠」の項目でも説明しましたが、人間のモチベーションはお金だけでは説明できないとされています。たしかに、お金だけが価値観の基準ではありません。かといって、お金を軽く見すぎるのは、現実から目をそらしていることと同じです。

ここで登場した「やりがい」という言葉も、くせ者です。「やりがい」の明確な定義は、実は調べてもはっきりしません。物事をなす（多くの場合仕事）にあたっての張り合いやモチベーション、手応え、達成感といった意味になるのでしょうが、個人的にはどうもしっくりこない気がします。

むしろ、「やりがい」には、日本的なネガティブ要素が含まれているような気がしてなりません。**「やりがい」には、キツい仕事をしている自分を納得させている欺瞞《ぎまん》のニュアンスがある**ように思えるのです。非人間的なキツい仕事も、「やりがいのある仕事」と言い換えれば、美辞麗句にすり替わるわけです。

「やりがい」といった胡散《うさん》臭い基準よりは、「好きな仕事」「楽しめる仕事」という軸で選ぶほうが、健康的で自然だと思うのです。他人と話すのが好きな人はサービス業がいいでしょうし、一人で黙々と作業をするのが性に合っている人は事務職などが向いているでしょう。キツくても、好きで楽しめるものならば、続けることができる可能性が高まります。「自分の性にまったく合っていない」と自他ともに認めるのならば、転職を検討するのもいいでしょう。

ただ、「転職」には、期待をかけすぎないことが大前提です。**「今より素晴らしい仕事が見つかるかもしれない」と考えている人は、転職を控えたほうがいい**くらいにわたしは考えています。これはポジティブ思考ではなく根拠のない理想化であり、厳しい現実を前にして期待は無残に崩れるでしょう。

「転職は会社に残るよりも厳しい」と身を引き締め、具体的な勤務待遇や条件をイメージして交渉できる人でなければ、転職先での苦労をしのげる可能性は低いのではないでしょうか。勤務内容・時間や収入、年休などが、契約の本題であって、「やりがい」「モチベーション」といった抽象的なことを転職契約で考えるのは、青臭いという批判は免れません。

まず、自分自身や家族を含めた生活を直視すべきです。その上で、「転職先のほうが甘くない」と思える人が、転職のスタートラインに立てる人であると、個人的には考えます。

44 かならず三人には、意見を聞いてみる

今の仕事に踏みとどまるか、転職を決断するか。転職ではなくても、留学、結婚、出産……人生の転機となるときには、他人がどう考えているかを聞きたくなるものです。

「わたしは絶対に正しい」と、自信満々のあまりに独断で決めてしまうのは、客観的にもいかにも危なげです。意志の固さは賞賛ものでしょうが、自分の誤った思い込みで重大な判断をしてしまっては、後々悔いを残します。

かといって、たくさんの人の意見に翻弄されて自分を見失ってしまうのも、感心できません。家族ならば別でしょうが、そもそも他人は、自分以上に関心を持って心配するほど、あなたのことを考えてはくれていません。そのときの気分で、適当に発言している場合だってあるのです。しかも、他人は発言内容の責任を問われることもありません。

また、あまり多くの人に相談してしまっては、あなたの転職希望の情報が漏れてしまう可能性が大きくなります。人事を含めてこういった問題は、非常にデリケートです。上層

部に知られた瞬間に、あなたの希望が握り潰されることもありうるわけです。

わたしも職場を移るときは、家族や友人、メンター的な先輩に相談はします。転職を重ねて思うのは、独断に走らず**大勢の意見に振り回されないためには、三人程度の人物に意見を聞いてみるのが適切ではないかということです。**

科学的に厳密な根拠はありません。自分の意見も、他人の助言も、正しいという保証はどこにもありません。そこでわたしが思い出すのは、研修医時代に習ったある先輩上司の助言です。患者さんに対し、「三人の医者と合わなければ、患者であるあなた自身に問題がある」というものです。

患者さんで、受診する医療機関をコロコロ変える「ドクター・ショッピング」をしている人がいます。テレビで人気の医者や雑誌で評判の名医を回るなど、ミーハー的な患者さんもいます。

しかし、ドクター・ショッピングを繰り返している理由は、「医者と合わない」「医者が信用できない」というものです。自分にとっての理想の医者を、探しているとも言えるのです。

三人の助言を聞いてみて、それでも納得できない、あるいは不安が強くなる一方であれば、もしかしたら自分にとっての理想の「助言者」を探している心理かもしれません。しかし、そういう場合は、たいていは自分の中にすでに答えがあることがほとんどです。他人によって自分の判断を支持・保証してもらいたいということは、実際によくあるのではないでしょうか。

信頼できる三人に自分の迷いを話してみて、意見を聞いてみます。その上で、自分で判断することが、言うまでもないでしょうが不可欠です。多数決で決めるというのは受動的ですが、「多数決」という判断基準を採用するのは、あくまで自分自身です。議会のような取り決めはないので、多数決を無視して自分の決断を押し通すことだって、できるわけです。

他人の意見を尊重する価値がある状況としては、自分が冷静になれていないと思われる場合が考えられます。重要な決断を迫られているときは、多分に冷静さは失われているものです。

三人程度には、相談を持ちかけてみましょう。結論は出なくても、話すことによって冷静さを取り戻すことはできると思います。そして、「四人目」「五人目」……と他力本願になりすぎそうになったら、自分で最終決断を下すタイミングだと思います。

45 辞表を提出する場面を詳細にイメージしてみる

「ああ、もうイヤだ！　こんな会社やめてやる！」

とばかりに、発作的に仕事を放り出してやめてしまう人。あるいは、

「あの会社は待遇良さそうだから、移っちゃおう」

と、隣の芝生は青いということわざを教えたいくらいに熟慮の足りない人。

こういった人たちは、少数派と思われます。

スポーツで取り入れられている「イメージトレーニング」は、転職を考えるときも必要とされるワザの一つでしょう。イマジネーションの豊富さは、未知の問題を考え抜いたり、解決を目指したりする場合に威力を発揮します。

特にプロスポーツでは、試合本番での直感、勘といったものが求められます。この説明しがたい直感、試合の勘というものは、日々の練習によって培われる部分も大きいですが、

漫然とした練習では養われることはありません。常に本番を意識して練習するイメージ力が求められます。

しかし、環境や内容を含めた仕事を変える転職で必要とされるのは、イチローやタイガー・ウッズなどトップアスリートのイメージトレーニングと同じではありません。転職に役に立つ「イマジネーション」について、考えてみましょう。

転職などで必要な社会的スキルにとって望ましいイマジネーションとは、狭く芸術的な創造性や類いまれなるアスリートの直感力を意味するわけではありません。**社会生活に必要なイマジネーションとは、目の前に実際に存在しないものに対してああかもしれない、こうかもしれないと推論する頭脳作業です。**加えて、はっきりしない将来や不確定性を楽しんだり、想定外の事態に臨機応変に対応したりする能力と定義してもいいでしょう。

イマジネーションが欠けていると、たとえば、

・新しいことに手を出したがらない
・ワンパターンのいつも通りのことをしているほうが安心
・自分なりの手順を守りたいし、他人にも守らせたい

といった欠点がはっきりしています。

柔軟性の乏しい自閉症スペクトラム障害では、この能力の発達が不十分です。したがって融通が利かず、転職など環境の変化がえてして苦手です。

かといって、苦手だからどうしようもないというわけではありません。イマジネーションの能力も、学習や経験を通じて改善していく可能性を秘めています。悲観することはありません。

転職を考えている人ならば、転職前の3か月と転職後の3か月を、具体的にイメージしてみましょう。いつ上司に自分の意思を伝えるか、先方との交渉はどう進めるか、転職先の仕事と待遇は具体的にどうだろうか、引き継ぎはどのように進めるか……。

頭の中にぼんやり浮かべているよりは、紙に書いてみるほうがいいでしょう。内容は字でも、表でも、絵でも構いません。スケジュールを書いて、辞表提出など重要場面でのイメージをふくらませてみるのです。おぼろげではっきりしないイメージが、視覚化・言語化されることにより具体性を帯びてきます。

毎日行う作業ではありません。休日など時間に追われず睡眠もしっかり取れた日に、静かな環境で行うのがいいでしょう。どういった点について他人に意見を聞くかなど、まとめておくのも悪くありません。

とはいえ、イメージトレーニングを闇雲に行うのはおすすめできません。ポジティブ傾向の人は、根拠の乏しい楽観的なイメージばかり浮かべてしまい、「脳内お花畑」状態になってしまいます。ネガティブ傾向の人は、失敗など悲観的なイメージばかりになってしまい、気分や意欲が落ちてきてしまうかもしれません。

しかし、重大な岐路に際して、まったくイマジネーションを働かさない、あるいは忙しさのあまりイマジネーションを働かせる機会も持てないというのでは、将来の可能性を持っている自分を、自ら融通の利かない視野が狭くなった状態に追いやってしまいます。

本番を意識してイマジネーションに集中するアスリートほどではないにせよ、落ち着いた時間でいいので、ペンと紙を片手に将来の自分をイメージしてみてください。不安も生じてくるでしょうが、具体性が見えてくれば、大きな進歩だと思います。

46 「やめたい」と思った日は、さっさと寝てみる

睡眠と人間の認知機能を研究してきて、個人的にも得をした経験があります。当たり前のことと思われるかもしれませんが、「寝不足では判断を誤りやすい」という、シンプルかつ科学的根拠のある事実を知っていたことです。

「もうこんな会社、やめてやる！」

「ああ、明日から会社行きたくないなぁ」

という投げやりな気持ちになっているときは、無理に前向きに頑張る必要はありません。

その夜に**睡眠が取れれば、次の朝は自然に前向きな気分とエネルギーを取り戻すことができています**。

ハーバード大学をはじめとする多くの有名大学のグループが、睡眠には不愉快な感情を伴った記憶を和らげる効果があることを発表しています。また、脳機能画像によって、恐怖や不愉快な感情の源である脳の扁桃体の活動が、睡眠によって大きく低下することもわ

かりました。

逆に言えば、**睡眠不足の状態では、脳の扁桃体が過剰に思考や記憶に影響を与えて、「普段の自分ならばありえない」判断や選択をしてしまう**危険性も孕んでいるわけです。

「わたしはよく寝ているから大丈夫」と思っている人も、油断は禁物です。平成22年のNHK放送文化研究所による調査では、日本人の平日の平均睡眠時間は7時間14分でした。昭和35年の調査では8時間13分ですので、約50年で睡眠時間は約1時間も減ってしまったことになります。

日本は、今でも労働時間の長い国です。人生には仕事だけではなく、家庭や自分の好きな活動のためにあてる時間も必要でしょう。自分の時間を持とうとすると、どうしても削減されるのは、睡眠時間になります。

タブレットやスマートフォンが、わたしたちの生活を便利にしたことを否定するつもりはありません。しかし、それらが発するブルーライトは、人間の夜の睡眠を確実に妨げます。便利になる一方で、ますます睡眠不足が深刻になり、誤った衝動的な判断をしてしまうリスクが大きくなっているとも言えるのです。

「もうこんな会社、やめてやる！」と思っても、一晩寝ればもっと冷静になることができます。「もうちょっと考えて」という余裕は、気持ちの持ち方どうのこうのよりも、睡眠から得られるのです。

しかし、消化しきれない仕事のプレッシャーや耐えがたい人間関係のストレスから、眠れない、夜中に目が覚めてしまう、明け方早々に目が覚めてしまうがからだが動かない、こういった症状が半月程度毎日続くようならば、これは心療内科や精神科の受診を検討すべき段階です。一般の快眠法がカバーする範囲を超えて、うつ病などこころの病気になりかけている可能性があるからです。

作家の五木寛之氏は、睡眠について「人生において、3分の1を占める眠る時間を尊敬しなくちゃいけない」と語っています。睡眠は、起きている3分の2にも多大な影響を及ぼしていることを考えると、尊敬してしすぎることはないと言ってもいいのではないでしょうか。

47 「跡を濁さない」やめ方

「立つ鳥跡を濁さず」とは、退職や転職、異動のときの定番的なことわざです。「立ち去る者は、跡が見苦しくないようにすべきである」というのが、このことわざの意味です。

しかし、組織をやめるときは、ドライにスパッというわけにはなかなかいかないものです。鳥も飛び立つときには、羽根も散らかって、跡を濁してしまいます。それだけ簡単ではないということを暗示したいのが、このことわざの本意なのかもしれません。

まず退職する、転職するということは、当たり前ですがその組織・グループの人間ではなくなることを意味します。それだけではありません。正当な理由の退職や転職であったとしても、**組織を「裏切る」「背信」という雰囲気が生じてしまうのが、日本の組織のウェットな部分です**。お前は当然この職場＝ムラにいるんだろうなという安心感を、いきなり覆すわけですから、「裏切り」と認識されてしまうのも無理はありません。

ムラ社会から外れる者に対しては、非常に冷淡なのです。退職や転職をカミングアウト

されて、

「お前、やめるのか」

「えっ、あの会社に行っちゃうの？」

という驚きの中に、「裏切り」「背信」を咎《とが》める感情が入ることがえてして少なくないのです。

さらには、

「お前がいない分だけ、オレがとばっちりを受けるじゃないか」

など、周囲で怒りがこみ上げてくるようならば、「立つ鳥跡を濁さず」どころではなくなってきます。それだけ、今の職を変わるということは、特に転職が当たり前になっている欧米文化とは異なる背景を持つ日本においては、格段に高等な社会的スキルを要する、という分析も成り立ちます。

「裏切り」「背信」という観念をできるだけ封じ込める、弱める。これが、「立つ鳥跡を濁さず」を実践する考え方の軸になると思います。


それには、**異なるベクトルを持った配慮、気配りが不可欠です**。上司に対する縦のベクトル、それに同僚に対する横のベクトルです。

退職や転職を伝える順番としては、まず直属の上司を優先すべきでしょう。直属の上司より地位の上の人に頭越しに相談することは、直属の上司の機嫌を損ねます。直属の上司が管理能力を問われる事態を招いた張本人扱いされることにもなります。

直属の上司を敵に回すようなことがあっては、辞職の際の書類業務や引き継ぎなどで、思わぬ障壁になることがあります。逆に直属の上司の理解があれば、手続きはスムーズに進む可能性が高くなります。

職場への不満を口にしないことは、同僚に対する配慮に結びつきます。あなたは同僚の悪口を言っているつもりはなくても、職場への不満はイコール同僚への不満と解釈されます。

やめていく人間が職場への不満をクドクドとグチるのを聞いて、残る人間は気持ちいいはずがありません。やめると決意した人間はその時点から、たとえ酒の席でも現職への不満は口にしないのが残る人間への礼儀というものでしょう。

縦横異なるベクトルの気配りをしながらも、最後は自分の思い切りです。会社や同僚からなだめられて、気持ちがグラつくこともあるかもしれません。しかし、**慰留程度で決意が揺らぐようならば、退職・転職の覚悟は軽薄だと言わざるをえないでしょう。**

いったん転職や辞職を口にした人間は、「こいつはいずれ出て行く人材」「いざとなればやめるヤツ」というレッテルを貼られかねません。やめなくても、「翻意した人」「ブレる人」という、ネガティブな評価がつきまといます。いずれにせよ、「裏切り者」の含意は残ってしまうでしょう。

円満退職の作法は、各方面への配慮、気配りを欠かさないことに尽きます。十分に配慮した行動を取った上で、思い切り羽ばたく。これが、退職・転職における「立つ鳥跡を濁さず」の核心ではないでしょうか。

48 会社がなかなかやめさせてくれないとき

「会社をやめたいのにやめられない」

実はわたしも、経験があります。医師不足もあったため「後任がいない」という理由で、やめさせてくれない職場がありました。

同じ能力や経験を持つ後釜が「即座に」「手軽に」見つかれば、すぐにでもやめさせてくれるでしょう。そういうわけにはいかないので、やめられない、やめさせられないと、労使ともども苦しい状況に陥るわけです。

「やめたいのにやめさせてくれない」会社も、「ブラック企業」の一種に分類されるようです。わたしの患者さんでも、

「辞表を出しても、鼻で笑われた」

「代わりが見つかるまでは無理です」

など、辞職の意思表示を握り潰されている例がないわけではありません。

辞職を認めてくれない会社への法的対処には、労働基準監督署や弁護士など行政・法律の専門家による情報が必要なのは言うまでもないでしょう。

退職希望日の一定期間前に退職届を出す、契約期間中にやめるときは体調不良など「やむをえない」と判断される理由が必要、などです。詳しい情報は、弁護士や労働コンサルタントが発信している情報を参考にされるといいでしょう。

ここで説明するのは、引きとめようとする会社に対する心理戦のアドバイスです。

あなたが同僚だけでなく外部からも賞賛されるようなカリスマ社員ならば、引きとめ工作が強力であったとしても、誰も疑問に思わないでしょう。しかし、それは極めてまれなケースです。

たいていの場合、引きとめる、やめさせないは、なにもあなたのことを誰にも代えがたい稀有な人材である、と思っての行動ではありません。しばらくは残りの人員で穴埋めして、新しく求人を出して面接して、採用したら教育して……といった煩雑さ。**そのほかにも人事面での管理、採用の雑用が面倒くさい**だけの可能性が考えられます。

会社側の「面倒くさい」が解決されれば、お互いにとって問題はなくなるわけです。かといって、あなた自身が人材補充の手続きを代行するわけにもいきません。労使両者の間には、埋めようとしても埋めがたい溝があることになります。

最終的には、法律に則って進めるしかありません。正社員の場合は、特に契約期間の規定がないならば、やめたい日の2週間以上前に申し出れば会社をやめることができるそうです。しかし、それは最終的な作戦であって、最初から採用すべき案ではありません。

代わりが見つかればいいわけです。交渉の妥協点としては、「代わりが見つかるまでは残る」と、相手を配慮した態度を見せておきます。しかし、「最終的に○月までに決まらなければ、退職します」と、限界設定をしておくのです。

限界設定とは、心理学用語で、Boundary（Limit）settingという概念が日本語化されたものです。簡単に言えば、「枠決め」です。境界性パーソナリティ障害などの治療の際に軸となる、大切な概念です。

境界性パーソナリティ障害では、家族や医者などを自分に都合のいいように操作しようとする言動が見られます。「毎日診察してくれないと、自殺する」などと言って、相手を困らせるといったエピソードが、いい例でしょう。これを「操作性」と呼びます。自分の都合のいいように、相手を操作する心理です。診察時間を定例化し、厳守してもらうことが、治療上での限界設定になります。自殺未遂や暴力行為、医師の私生活への介入を禁止することも「枠決め」にあたります。

ほかの健康的な限界設定の例としては、子育てがあります。操作性は乏しいにせよ、わがままで欲望のままに行動している子どもに対して「ここから先はダメ」という壁を作ってあげる作業が、限界設定です。

ブラック企業とこれらの例を並列に扱うのは批判もあるでしょうが、「○月までになんとかしてくれなければ、退職する」と、**限界をはっきりと勇気を持って明確化しておくことは、非常に重要です**。ここでブレると、相手の思うつぼにはまります。まさに、ブラック企業にとって、あなたは都合良く「操作」されやすい人になってしまいます。

49 「逃げる」ことから逃げない

締めくくりとしてアドバイスしておきたいのは、勇気を持って「逃げる」という選択をすることも念頭に置いておくべきということです。「逃げる」＝敗北、逃避ではないということです。

行方不明になってしまえと言っているわけではありません。辛抱や我慢が必要なことは、一般論としても明らかです。しかし、わたしの患者さんを含む、過重労働によって心身を病む人や、まして死を真剣に考えて実行に移すような人は、辛抱や我慢をしすぎてしまった人たちです。**「逃げる」勇気を持っていれば死なずに済んだ人が、毎年約3万人と報告される自殺者の中に、かなりの割合で含まれている**と、わたしは推察しています。

深夜まで及ぶ過重労働や達成不可能とも言える無謀なノルマ、それにいつクビを切られるかわからないリストラの脅威など、不安と焦りの元となるプレッシャーは数多くあります。こういった職場や仕事が原因となるうつ状態では、「休息」「療養」が最優先です。抗うつ薬や睡眠薬などは、「休息」「療養」を補助するための役割に過ぎません。

しかし、休職と自宅療養をわたしがすすめても、「休みたくない」「職場に迷惑がかかる」などと、頑《かたく》なに拒否する人も少なくありません。他人に迷惑をかけたくないという気持ちももちろん強いのでしょうが、「逃げたと思われたくない」というプライドも、関係しているケースが多いように思います。

敵前逃亡を潔しとしないのは、軍人としての美学としてはいいでしょう。しかし、逃げ損ねて命を自ら絶つようになっては、第2次世界大戦敗戦間際の日本と大差ありません。月並みですが、生きていることは何ものにも代えがたいことなのです。

休職や退職、転職＝「逃げる」ことだと、一方的に思い込まないことです。妙な倫理感を持っていると、「逃げる」行動を取れなくなります。結果的に、死地に残ることになりかねません。

「逃げる」ではなく、「戦略転換」「発展的解消」と解釈するのが、いちばんの方法です。前向きな意味の用語にすり替えて、「前に進んでいるんだ」と自分をダマしてしまう作戦です。敵を欺くには、まず味方からとは、よく言ったものです。ちなみに、「撤退」「逃亡」を「戦略転換」と言い換える詭弁は、軍幹部がよく用いるレトリックだそうです。

「撤退」「逃亡」では、士気がガクンと落ちて軍の統率系統が崩壊してしまうからでしょう。

追い詰められて、こころが折れてしまって、心身ともに限界を超えた……。**「消えてしまいたい」「死んだら楽になれる」と思い続けたときには、「戦略転換」を考えてみてください**。「逃げる」ことに、真剣に対峙してみることです。「逃げるのは恥ずかしい」というナルシシズムは、いったん捨てましょう。

歴史上逃げの達人といえば、明治維新の元勲、木戸孝允です。木戸が桂小五郎と名乗っていたときには、「逃げの小五郎」という渾名で呼ばれていました。木戸は剣豪としても有名でしたが、真剣を用いて戦った記録はほとんどなく、暗殺者や捕吏に対しても、ときに変装まで用いて闘争を避けることに徹したことが由来です。逃げることが「カッコ悪い」とか、「武士の風上にも置けない」という観念にまったくこだわらなかった先進性が、「逃げの小五郎」の真骨頂でしょう。

ブラックな職場で、疲労と絶望のあまり自殺手段までイメージしてしまっている人。転職を考えているが「逃げているのではないか」と、自責的になっている人。こういった人たちに必要なのは、「戦略転換」です。たとえ「逃げる」というニュアンスが含まれていようが、戦術と割り切って行動していきましょう。

第8章まとめ

お金がからんだ経済的不安が強くなるほど、精神的不安定が強まる傾向がある

信頼できる三人にまず相談してみる。その上で自分で判断する

具体的なスケジュールを紙に書き、転職前、転職後3か月をシミュレーションする

寝不足だと判断を誤りやすい。投げやりな気持ちになったら早く寝る

やめる前は、上司と同僚への配慮を忘れない。職場の不満を口にしない

やめる日程を宣言しておくことで、会社とのトラブルを防ぐ

休職、退職、転職を「逃げる」ことだと思わない。戦略転換と前向きに捉える

〈著者プロフィール〉
西多昌規（にしだ・まさき）
精神科医・医学博士。自治医科大学精神医学教室・講師。石川県生まれ。東京医科歯科大学卒業。数多くの入院・外来患者を治療するだけでなく、ハーバード大学にて脳機能を向上させる脳・睡眠研究の学術論文を発表し、成果を上げる。記憶学習や運動能力、感情コントロール、睡眠、コミュニケーションに詳しい。光トポグラフィや経頭蓋磁気刺激など最先端のうつ病治療に関わる気鋭の精神科医である。精神科産業医として、企業で働く人のメンタルヘルスの問題にも取り組んでいる。自身も医学部学生時代に引きこもっていた経験があり、一般向けの啓蒙活動にも熱心である。「ホンマでっか!?TV」「マサカメ TV」「ラジオ深夜便」など、テレビ・ラジオ出演も多い。主な著書に『「昨日の疲れ」が抜けなくなったら読む本』『休む技術』（ともに大和書房）、『「テンパらない」技術』『「凹まない」技術』（ともに PHP 文庫）などがある。

会社、仕事、人間関係で
「逃げ出したい!」と思ったとき読む本

2014年2月20日　第1刷発行

著　者　西多昌規
発行人　見城 徹
編集人　福島広司

GENTOSHA

発行所　株式会社 幻冬舎
〒151-0051　東京都渋谷区千駄ヶ谷4-9-7

電話　03(5411)6211(編集)
03(5411)6222(営業)
振替00120-8-767643
印刷・製本所：株式会社 光邦

検印廃止

万一、落丁乱丁のある場合は送料小社負担でお取替致します。小社宛にお送り下さい。本書の一部あるいは全部を無断で複写複製することは、法律で認められた場合を除き、著作権の侵害となります。定価はカバーに表示してあります。

© MASAKI NISHIDA, GENTOSHA 2014
Printed in Japan
ISBN978-4-344-02539-4　C0095
幻冬舎ホームページアドレス　http://www.gentosha.co.jp/

この本に関するご意見・ご感想をメールでお寄せいただく場合は、
comment@gentosha.co.jpまで。